FACULTÉ DE DROIT DE POITIERS

# DE LA POSSESSION

## ET DES ACTIONS POSSESSOIRES

### EN MATIÈRE DE SERVITUDES

EN DROIT ROMAIN ET EN DROIT FRANÇAIS

## THÈSE

PRÉSENTÉE A LA FACULTÉ DE DROIT DE POITIERS

POUR OBTENIR LE GRADE DE DOCTEUR

Et soutenue le Samedi 8 mars 1873, à 3 heures du soir

DANS LA SALLE DES ACTES PUBLICS DE LA FACULTÉ

PAR

### GASTON PAILLIER, Avocat,

Né à Châtellerault (Vienne).

POITIERS

IMPRIMERIE DE A. DUPRÉ

RUE NATIONALE

1873

FACULTÉ DE DROIT DE POITIERS.

# DE LA POSSESSION

## ET DES ACTIONS POSSESSOIRES

### EN MATIÈRE DE SERVITUDES

#### EN DROIT ROMAIN ET EN DROIT FRANÇAIS

---

## THÈSE

PRÉSENTÉE A LA FACULTÉ DE DROIT DE POITIERS
POUR OBTENIR LE GRADE DE DOCTEUR
Et soutenue le Samedi 8 mars 1873, à 3 heures du soir
DANS LA SALLE DES ACTES PUBLICS DE LA FACULTÉ

PAR

GASTON PAILLIER, Avocat,
Né à Châtellerault (Vienne).

POITIERS
IMPRIMERIE DE A. DUPRÉ
RUE NATIONALE
—
1873

# FACULTÉ DE DROIT DE POITIERS.

———

MM. LEPETIT ✳, *doyen, professeur de droit commercial.*
BOURBEAU, C. ✳, *doyen honoraire, professeur de pro-cédure civile et de législation criminelle.*
RAGON ✳, *professeur de droit romain.*
MARTIAL PERVINQUIÈRE, *professeur de droit romain.*
DUCROCQ, *professeur de droit administratif.*
ARNAULT DE LA MÉNARDIÈRE, *professeur de Code civil.*
LECOURTOIS, *professeur de Code civil.*
THÉZARD, *professeur de Code civil.*
LE COQ, *agrégé, chargé d'un cours de droit pénal.*
NORMAND, *agrégé.*

———

M. ARNAUD, *secrétaire agent comptable.*

———

# COMMISSION.

PRÉSIDENT,     M. RAGON, ✳.

SUFFRAGANTS, 
{ M. DUCROCQ,
M. LECOURTOIS,    } Professeurs.
M. THÉZARD,
M. NORMAND,         Agrégé.

# A MA FAMILLE.

# DROIT ROMAIN.

---

## PRÉLIMINAIRES.

Les servitudes ne furent pas, à l'origine, susceptibles d'être possédées. La nature de la possession, que les jurisconsultes faisaient consister dans le rapport physique et matériel d'une personne avec une chose, la rendit tout d'abord inapplicable aux droits incorporels qui, échappant à la perception et à la prise des sens, ne pouvaient être l'objet d'une appréhension véritable. Ce ne fut d'ailleurs que fort lentement que se développa la théorie de la possession, de celle même qui s'appliquait aux choses corporelles. L'antiquité romaine, si soucieuse de constituer fortement son droit de propriété, pour lequel elle avait prodigué ses formes et ses rites sévères, n'avait accordé à la possession que des effets très-restreints, lorsqu'elle se trouvait en lutte avec ce droit. Il eût paru étrange à cette époque qu'un possesseur non fondé en titre pût tenir quelque temps en échec les prétentions, si tardives et si incertaines qu'elles fussent, de celui qui revendiquait le droit de propriété. Aussi n'était-il pas rare de voir les possesseurs demander à la force brutale le secours que la loi leur refusait ; de sorte que le simulacre des provocations et des rixes symboliques qui formait le préliminaire des procès en revendication n'était, le plus souvent, que l'image des rixes plus sérieuses qu'engendraient les disputes de la possession. Pour la mettre désormais à l'abri des violences et des voies de fait auxquelles elle était sans cesse exposée, la juridiction prétorienne créa les interdits possessoires, qui l'empêchèrent de rester comme désarmée en face des empiétements et des revendications extérieures.

Les mêmes considérations qui avaient fait sauvegarder les intérêts de la possession foncière appelaient nécessairement l'extension des moyens possessoires à l'exercice des droits incorporels, dont la jouissance n'était pas encore entourée d'une protection efficace. Dès que la pratique, moins esclave des mots, eut franchi le cercle étroit dans lequel l'interprétation de la doctrine avait circonscrit la possession, et qu'elle eut reconnu l'analogie qui existait entre les faits de possession ordinaire et les faits de jouissance d'une servitude, la formule de la quasi-possession fut trouvée et généralisée, et avec elle s'introduisit l'institution correspondante des interdits quasi-possessoires, *interdicta veluti possessoria*. C'était surtout en cette matière qu'à la faveur des rapports journaliers du voisinage et de la contiguïté des biens et des héritages devaient se multiplier les entreprises d'un fonds sur un autre. Fallait-il permettre qu'un tiers, sans avoir même justifié de son droit, et sous prétexte de se faire justice lui-même, vînt impunément s'opposer et mettre obstacle à l'exercice d'une servitude très-avantageuse pour le

possesseur, alors que celui-ci en jouissait publique-
ment et paisiblement depuis de longues années peut-
être, et pouvait se croire fondé à en jouir ? Ne fallait-il
pas assurer contre les violences et les attaques d'un
soi-disant propriétaire le sort d'ouvrages souvent indispensables à l'exploitation agricole, et à l'établissement desquels il n'avait fait aucune opposition, alors
que son adversaire avait pour lui l'apparence du droit,
et que rien ne prouvait encore la réalité du sien ?

Avant d'aborder l'examen de cette possession, dont
sont l'objet les servitudes, et des interdits possessoires,
destinés à les protéger, — car tel est le sujet spécial
de cette thèse, — nous avons pensé qu'il était utile de
déterminer sommairement, tout d'abord, la nature et
les caractères de la possession en elle-même et des
interdits qui s'y réfèrent. D'ailleurs nous ne pouvions
entrer dans les détails relatifs à la quasi-possession
sans rappeler les principes généraux de toute possession et sans prendre parti sur quelques-uns des pro-
blèmes importants qu'elle comporte ; aussi nous a-t-il
paru plus à propos de commencer par cette exposition
et d'en faire comme la base et la préface de notre
étude.

# CHAPITRE I.

## NOTIONS GÉNÉRALES SUR LA POSSESSION ET LES INTERDITS POSSESSOIRES.

### SECTION I.

#### DE LA POSSESSION.

La possession se confond tantôt avec la propriété, tantôt elle s'en distingue. Considérée dans son rapport avec la propriété, elle en forme l'attribut le plus vital et le plus essentiel, elle en est l'exercice et la manifestation extérieure. C'est, pour me servir des expressions de M. Troplong, le droit passé à l'état d'activité et se réalisant dans sa sphère par des actes sensibles. Sous cet aspect, elle n'est qu'un fait destitué de tout caractère légal autre que celui du droit auquel il est entièrement lié, comme l'effet à sa cause. Mais on peut concevoir la possession indépendamment de la propriété ; il est possible en effet qu'elles ne soient pas réunies l'une et l'autre dans les mêmes mains, que telle personne, sans être propriétaire, jouisse des prérogatives de la propriété, et que telle autre au contraire n'en ait que le droit sans en avoir l'exercice : *Fieri potest ut alter possessor sit, dominus non sit, alter dominus quidem sit, possessor vero non sit* (D., 1, §2, *uti possidetis*). C'est à ce point de vue que nous nous proposons de l'examiner, abstraction faite de la propriété, et de rechercher quelle est sa nature, quels sont ses éléments constitutifs et ses conséquences juridiques.

La possession ainsi envisagée isolément est un état de fait qui permet à celui qui possède d'exercer son empire sur la chose possédée. Que le mot *possessio* vienne de *posse*, comme nous inclinons à le croire, ou de *a pedibus* (1), comme l'enseigne le jurisconsulte Paul d'après l'autorité de Labéon, ces deux étymologies s'accordent pour exprimer le rapport de dépendance et de soumission dans lequel se trouve l'objet possédé à l'égard du possesseur (D., 2, L. 1, *de acquir. vel amitt. poss.*).

Deux éléments la composent : un élément matériel, qu'on désigne généralement sous le nom de *corpus*, c'est le fait d'avoir une chose à sa disposition, et un élément moral (*animus*), qui consiste dans l'intention de s'approprier et de s'attribuer les avantages de la chose possédée, d'en disposer à titre de maître : *Apiscimur possessionem corpore et animo, neque per se corpore, neque per se animo* (D., 3, § 1, *hoc tit.*).

L'intention sans le fait est incapable de faire acquérir la possession, bien que quelques textes semblent dire qu'elle s'obtient par la seule volonté, *nuda voluntate, solo animo* (D., 25, § 2, *h. tit.*); mais ils se réfèrent à des cas où le *corpus* préexiste.

De même, le fait sans l'intention ne constitue qu'une détention purement physique, *nuda detentio*, qui n'a aucune valeur morale, aucun caractère juridique qui puisse fonder quelque droit La détention (2)

---

(1) Telle est la leçon de la Vulgate ; mais, selon la Florentine, il faudrait lire *a sedibus* au lieu de *a pedibus*.

(2) On désigne souvent la détention sous le nom de possession naturelle, par opposition à la possession civile ; mais comme cette termi-

n'est pas, à proprement parler, une possession ; le lien qui l'unit à la propriété, dont elle est comme vassale, n'est point brisé ; la séparation n'est qu'apparente. Le propriétaire continue à jouir de la chose par l'intermédiaire d'un tiers qui la possède non pour lui-même, mais pour le compte de celui-ci : telle est la position du locataire, de l'usufruitier, du commodataire, du dépositaire, de l'envoyé en possession *ex decreto rei servandæ causa.* Ce sont des détenteurs et non des possesseurs, et qui, pour cette raison, ne sauraient prétendre aux interdits possessoires qui compètent à ceux au nom de qui ils détiennent.

Analysons maintenant les deux éléments de la possession, et examinons particulièrement ce qui constitue le *corpus.* Plusieurs auteurs l'ont entendu d'une manière trop étroite et trop littérale : ils n'ont vu dans le *corpus* qu'un rapport physique qui ne pouvait exister qu'au moyen d'un contact, d'un rapprochement matériel et immédiat. Prenant à la lettre les expressions de la loi 1 (*de acquir. vel amitt. poss.*) : *quia naturaliter*

nologie a été la source de nombreuses confusions, dans lesquelles on ne serait pas tombé si l'accord s'était fait sur le sens et la compréhensibilité de ces termes, nous éviterons de nous en servir, autant qu'il nous sera possible. Hâtons-nous de dire cependant que M. de Savigny, dans son savant *Traité sur la possession,* a émis sur ce point une théorie qui a eu le mérite de rallier la majorité des auteurs, tant elle repose sur des bases aussi solides que judicieuses. Il reconnaît trois sortes de possession : celle qui, dépouillée de l'*animus,* n'est qu'un pur fait physique, et qu'il appelle *possessio naturalis,* de même que celle qui, réunissant les deux éléments, le *corpus* et l'*animus,* donne lieu aux interdits possessoires, c'est-à-dire la *possessio ad interdicta;* enfin la troisième est celle qui, fondée sur le titre et la bonne foi, peut seule conduire à la propriété par l'usucapion, et pour laquelle il réserve l'expression de *possessio civilis,* parce que ce terme, selon lui, ne peut s'appliquer qu'à une possession qui produit des effets civils, et que l'usucapion est, en conséquence, le seul effet que le *jus civile* attache à la possession (*De la Possession,* §§ 7 et 10).

*tenetur ab eo qui ei insistit*, ils ont enseigné que la possession immobilière ne pouvait être acquise qu'à la condition de poser le pied sur le fonds qu'on voulait posséder, et que pour les meubles il fallait les saisir avec la main. Mais, comme cette interprétation si restrictive était impuissante à rendre compte d'une foule de cas où la possession était incontestablement acquise, sans qu'il y ait eu aucun contact, ils étaient obligés de regarder ces divers cas comme autant d'exceptions qu'ils expliquaient par des fictions. Sans doute le *corpus* exige une sorte de mainmise sur la chose, un exercice effectif et immédiat quand il s'agit de l'acquisition de la possession par voie d'occupation ; mais il n'en est plus ainsi en cas de transmission de la possession. C'est faute d'avoir su distinguer ces deux différences d'application du *corpus* qu'ils se sont mis en contradiction avec la plupart des décisions contenues dans les textes des jurisconsultes romains, et qu'il leur a fallu tout l'échafaudage des symboles et des fictions pour soutenir et étayer leur système.

Dans l'hypothèse de l'occupation, l'élément physique, nous le reconnaissons, n'a une signification importante qu'autant qu'il est nettement caractérisé, qu'il implique une certaine réalisation d'activité. Pour que l'homme devienne possesseur d'une chose qui n'appartient à personne, — et ici la propriété est concomitante au fait de possession, — il ne suffit pas qu'il y ait un rapprochement purement passager entre lui et la chose dont il convoite la possession ; il faut qu'il se l'approprie, qu'il la fasse sienne en lui communiquant quelque chose de sa personnalité ; il est nécessaire qu'il la transforme et qu'il s'identifie pour ainsi

dire en elle, de manière à ce qu'elle puisse participer
de son inviolabilité. Comment prétendre en effet que
le sauvage possède, au milieu de la solitude qu'il par-
court, ce coin de terre sur lequel il pose le pied ou
plante provisoirement sa tente? il n'y a là qu'un phénomène fugitif et temporaire qui ne ressemble en rien au
fait de possession (1).

Lorsque la possession résulte de la transmission,
l'appropriation de la chose s'est déjà réalisée entre les
mains du *tradens*: il suffit maintenant que l'*accipiens*
puisse exercer l'empire de sa volonté sur cette chose
pour qu'il en devienne possesseur. Or, toutes les fois
que, par un moyen quelconque, cette dernière sera à sa
disposition, il la possédera sans qu'il y ait nécessité
d'une appréhension effective ou d'un attouchement
physique : *Non est enim corpore et actu* (2) *necesse
apprehendere possessionem* (1, § 21, *h. tit.*).

« Dès qu'un objet est déjà possédé, dit M. Molitor,
le seul obstacle que rencontre l'acquisition de la possession, c'est la volonté du possesseur actuel ; par conséquent, si cette volonté est acquise à celui qui veut

(1) Nous n'hésitons point à nous écarter de l'opinion de ceux qui
s'imaginent trouver dans cette adhérence matérielle au sol l'origine de
la possession, et placent ainsi son existence avant la formation et
l'établissement de toute société. La notion juridique de la possession
n'est venue qu'après celle de la propriété, dont elle ne se détache que
lentement, grâce aux progrès des temps et de la législation; loin de
marquer une des premières phases du développement de la propriété
foncière, elle en est au contraire une des conséquences nécessaires
(voir *contra* Carou, n°° 9 et 10, *act. posess.*).

(2) M. de Savigny fait remarquer, après Favre et plusieurs autres
commentateurs, que, sur la foi des Basiliques, il est vraisemblable de
conjecturer que Paul avait écrit *corpore et tactu :* le sens de la phrase
semble autoriser cette correction, qui traduit beaucoup plus justement
le fait de l'appréhension corporelle.

posséder, la possession, par cela même, le sera, pourvu
que celui qui transmet la possession à l'acquéreur
soit réellement possesseur, et que nul autre que lui
possède la chose. »

Il suffit de parcourir rapidement quelques hypo-
thèses de transmission de possession mobilière ou
immobilière pour se convaincre qu'il n'est nullement
besoin de recourir aux fictions pour expliquer les faits
d'acquisition de possession qui s'accomplissent en
dehors de toute appréhension matérielle, et qu'il n'y a
là qu'une évolution naturelle et régulière du *corpus*.
Ainsi la possession des meubles sera transmise sans
qu'il se soit effectué aucune mainmise, si nous sommes
présents au moment de la tradition, ou même si nous
avons la *custodia* sur les objets qui nous sont livrés
hors de notre présence (D., L. 79, *de solutione*; LL. 21-
51; 9, § 6, *de acq. vel amitt. poss.*). De même, le trans-
port de la chose donnée ou vendue dans la maison de
l'acquéreur est suffisant pour le constituer possesseur
(D., 18, § 2, *de acq. vel amitt. poss.*; 9, § 3, *de jure
dotium*). S'agit-il d'un trésor, dès qu'il sera découvert
et qu'il n'y aura plus qu'à mettre la main pour le saisir,
il sera en notre possession.

Quant aux immeubles, la *præsentia rei* est la seule
condition exigée pour que la transmission de la possession s'en fasse régulièrement, pourvu que cette
possession soit *vacua*, c'est-à-dire que personne ne
s'oppose à ce que le nouveau possesseur se porte sur
telle partie du fonds qu'il voudra, et fasse des actes de
maître. En conséquence, l'*accipiens* possédera le champ
qu'il a acheté, avant même d'y avoir pénétré, dès que
le transmettant le lui aura montré à une distance assez

rapprochée pour l'apercevoir : *Si vicinum mihi fundum mercator venditor in mea turre demonstret, vacuamque se possessionem tradere dicat, non minus possidere cœpit, quam si pedem finibus intulissem* (52, § 2, *de acq. vel amitt. poss.*). On a prétendu qu'il y avait dans cette espèce, comme dans les cas précédents, tradition symbolique : comme si la tradition *in præsentia rei* n'équivalait pas à une délivrance effective et ne permettait pas à l'acquéreur d'exercer sur l'objet qui lui est ainsi livré des actes d'appropriation et de se comporter à son égard comme un véritable propriétaire. Sans doute il y aurait symbole si la tradition se faisait hors de la présence de l'*accipiens* au moyen de signes conventionnels qui en seraient la représentation extérieure, parce qu'alors il n'a pas la possibilité de disposer de la chose en maître, et qu'il peut se présenter certaines éventualités qui fassent, à l'avenir, obstacle à sa prise de possession. Mais lorsqu'il est sur les lieux, qu'il n'a plus qu'à étendre la main pour appréhender la chose, la tradition est aussi réelle et la possession aussi complète que s'il l'avait reçue de la main à la main. On a souvent cité l'exemple de la livraison des marchandises par la remise des clefs en présence des magasins, *apud horrea*, et l'on a soutenu que les clefs étaient le symbole des marchandises. Qui ne voit pourtant que cette tradition ouvre l'entrée des magasins à l'acquéreur, qui n'a plus qu'à y pénétrer pour disposer à son gré des marchandises (D., L. 74, *contrah. empt.*)? Est-il nécessaire de supposer, comme l'a fait M. Troplong (*Traité de la vente*, nº 267), que l'acquisition de la possession s'effectue alors par la vue, *oculis*, et que cette appréhension *oculis* équivaut à

l'appréhension manuelle? C'est substituer une fiction
à une autre et renouveler l'hypothèse erronée des
glossateurs, qui reconnaissaient à chaque sens le pouvoir de transmettre la possession. Qu'importe, disait
la Glose, que l'objet soit éloigné de dix milles, *per
decem milliaria*, s'il est possible de l'embrasser du
regard! (Glossa, *in leg.* 1, § 1, *de poss.*)

Le *corpus*, comme nous venons de le démontrer,
consiste donc dans la possibilité de faire sur la chose
possédée des actes de maître. La conscience de ce pouvoir serait insuffisante pour fonder la possession;
M. Warkœnig tient à en faire la remarque lorsqu'il déclare qu'elle doit toujours être accompagnée de l'appréhension indépendamment de la conviction que
la chose est en notre pouvoir, sous notre domination
personnelle : *Corporaliter possidere incipimus non
solum cum manu rem ipsam apprehendimus, sed quo-
libet facto quo nostro omniumque opinione res imperio
nostro subjecta haberi incipit.* Aussi M. Zachariæ
s'est-il élevé contre l'assertion de M. de Savigny, qui
semble faire consister uniquement la possession « dans
la conviction d'un pouvoir illimité de dispo... physiquement de la chose. » Certes, si M. de Savigny avait
entendu exprimer par là qu'un fait purement volontaire, sans être précédé ou suivi d'actes extérieurs qui
le révèlent et le manifestent à l'égard des tiers, pouvait produire un résultat juridique, il y aurait lieu de
combattre une erreur aussi choquante; il est évident
en effet que toute volonté qui ne se traduit pas extérieurement est un phénomène de conscience qui
échappe à la loi, et qui n'est pas de nature à fonder le
moindre droit. Mais telle n'est pas la pensée de l'émi-

nent jurisconsulte ; et aussi s'est-il chargé de réfuter lui-même les critiques qui lui étaient adressées : « Si l'on exprime mon idée en disant : Celui qui croit pouvoir disposer physiquement d'une chose en est possesseur, il sera certainement bien facile de la combattre. Mais je crois m'être si bien prémuni contre ce malentendu, que je ne pense pas pouvoir mieux préciser ma pensée. J'ai dit, en effet, d'une manière bien positive que les faits qui donnent lieu à cette conviction doivent exister réellement, de sorte qu'il n'a été question de cette conviction qu'à raison de ces faits, soit pour expliquer la nécessité de ces derniers, soit aussi pour mieux en caractériser la nature. » (De Savigny, *Traité de la possession*, p. 221, note 1, 7ᵉ édit.)

Le second élément constitutif de la possession est la volonté de posséder, l'*animus* : « Elle est, dit M. Molitor, la cause impulsive qui accompagne la possession dans son développement et lui survit quand elle s'est réalisée. » Elle forme le complément de la possession ; si l'*animus* manque et fait entièrement défaut, il n'y a point de possession possible : *Qui jure familiaritatis amici fundum ingressus est non videtur possidere, quia non eo animo ingressus est ut possideat* (D., L. 41, de acq. vel amitt. poss., et L. 34, cod. tit.). Il s'agit de déterminer ce que comprend cet *animus :* est-ce l'*animus dominii*, comme l'exigeait Doneau, ou l'*animus possidendi*, comme le qualifient certains commentateurs ? Le champ est libre à la controverse, car les textes qui font mention de l'*animus* n'ajoutent aucune autre désignation qui pût en préciser la portée ou en restreindre le sens (1).

_____

(1) C'est dans la paraphrase de Théophile (§ 4, *per quas personas*

Si l'*animus* consiste dans l'intention de jouir d'une chose en son nom propre et en vertu de sa seule volonté, l'expression d'*animus possidendi*, qui peut s'appliquer même à la détention physique, est trop étendue et trop compréhensive ; le locataire, en effet, a bien l'intention de posséder, mais non pour lui-même, puisqu'il possède au nom du propriétaire : il n'a donc pas l'*animus* proprement dit. L'expression d'*affectus dominii* est au contraire trop restreinte, car elle ne s'étend pas à des cas qui sont néanmoins constitutifs d'une possession proprement dite. Aussi M. de Savigny, qui adopte cette qualification particulière, considère-t-il comme exceptionnels tous les cas où le possesseur, sans avoir l'*animus dominii*, n'en a pas moins l'intention de posséder pour lui-même, comme il arrive pour le créancier gagiste, le précariste, l'emphytéote et le superficiaire. M. Warkœnig, en repoussant cette qualification trop étroite de l'*animus*, fait observer avec raison que, nulle part dans les sources du droit, la possession du créancier gagiste et des autres détenteurs dont nous venons de parler n'est désignée comme exceptionnelle.

MM. Voët et Muhlenbrucht l'ont défini : l'*animus rem sibi habendi vel tenendi* ; c'est aussi la qualification que nous choisissons de préférence, parce qu'elle répond mieux à cette idée que, pour posséder, il n'y a pas besoin de se croire propriétaire, il suffit de vouloir l'être. Le voleur possède sans contredit, car il

---

acq., et § 2, *quibus modis toll. oblig.*) que l'*animus domini* se trouve formulé pour la première fois. Dans les Instituts et les Pandectes, il n'est question que de l'*animus* pur et simple, sans autre détermination spéciale.

est à même d'agir en maître sur ce qu'il a volé : son
intention est de tirer parti de son larcin. Sans doute
la bonne foi ne sera pas inutile à celui qui pourra s'en
prévaloir : elle aura cet immense avantage de faire
acquérir les fruits, et, de plus, si cette possession *bonæ
fidei* est accompagnée d'un juste titre, elle permettra
d'invoquer, selon les circonstances et les conditions
de temps et de durée, le bénéfice de l'usucapion ou de
l'action publicienne.

Non-seulement il n'est point nécessaire, pour que
l'*animus* existe, de se croire propriétaire, mais même
de savoir qu'on acquiert la possession, pourvu qu'en
accomplissant certains actes constitutifs de possession
on ait la conviction qu'on les exerce pour soi-même.
Ainsi je passe sur le terrain de mon voisin, persuadé
que je suis qu'il m'appartient : le propriétaire de ce
terrain ne serait pas fondé à prétendre que j'ai été dans
l'impossibilité d'acquérir sa possession, parce que je
ne croyais pas exercer une servitude (D., L. 1, § 8, *de
itinere actuque privato*).

M. de Savigny, en ne reconnaissant l'*animus* comme
suffisamment caractérisé que lorsqu'il implique la volonté et l'intention formelle de posséder à titre de
propriétaire, a désigné sous le nom de possession dérivée celle de ces possesseurs qui n'ont aucune prétention à la propriété de la chose, bien qu'ils ne soient pas
néanmoins de simples détenteurs, comme le créancier
gagiste ou le précariste. Qu'a-t-il voulu exprimer par
cette dénomination particulière ? Il n'a point entendu
parler d'une possession transmise par opposition à la
possession originaire, celle qui n'émane de personne ;
car, dans ce cas, l'acheteur aurait une possession dé-

rivée, et ce n'est pas la pensée de M. de Savigny; mais elle doit s'entendre, si je ne me trompe, de tout acte qui transfère la possession juridique, le *jus possessionis*, sans transférer également la propriété. L'appréhension est ici la même que partout ailleurs, seulement la volonté est différente : elle ne doit tendre qu'à l'acquisition de ce droit de possession, abstraction faite du droit de propriété auquel on ne prétend point, et qu'on sait appartenir à un autre; en sorte que celui qui est reconnu possesseur n'a point l'*animus domini*, et que celui au contraire chez lequel cet *animus* existe n'a cependant pas la possession juridique.

On pourrait, il est vrai, demander à M. de Savigny ce que signifie ce *jus possessionis* à qui manque l'élément substantiel de toute possession, et qui est obligé d'emprunter l'*animus* d'un autre. Il nous semble que celui-ci est personnel au possesseur, et que, s'il est possible de posséder *alieno corpore*, il est impossible de posséder *alieno animo*. Comment ce possesseur, s'il n'a point un *animus*, une intention de posséder qui lui soit propre, pourra-t-il en réalité se prévaloir d'une possession véritable, puisqu'elle est destituée de ce qui en forme le complément indispensable?

Est-il vrai, par exemple, que le créancier gagiste n'a point un *animus* distinct, qu'il possède avec l'*animus* du débiteur; que sa possession ne se suffit pas à elle-même, et qu'elle repose uniquement sur les intentions du débiteur, qui seul conserve la prétention à la propriété? Quels sont donc cependant les droits du créancier gagiste à l'égard de l'objet qui lui a été donné en gage? ne le détient-il pas avec l'idée bien arrêtée de l'aliéner au besoin et de s'en attribuer le prix s'il n'est pas payé à l'échéance? Sans doute le droit qu'il a sur la *res pignerata* ne ressemble pas à celui du propriétaire; il ne lui est pas en effet permis d'en régler le sort, de la conserver pour son compte : il sera obligé de la vendre en cas de non-paiement, ou de la restituer s'il est désintéressé. Mais l'incertitude de son droit ne l'empêche pas d'exister; il est conditionnel, éventuel, je le concède, mais il n'en est pas moins d'une grande valeur, puisqu'il est capable de lui faire trouver dès maintenant des acquéreurs, et de se traduire un jour en un bénéfice réel et certain. Si le débiteur conserve toujours son droit de propriété, il n'en est pas moins exposé à subir l'aliénation, l'expropriation de la part du créancier, s'il ne satisfait pas à ses obligations. Il y a donc là deux droits distincts qui ne se confondent point l'un avec l'autre, parce que les prétentions réciproques du débiteur et du créancier, loin de s'exclure, se concilient parfaitement; l'un a l'*animus domini*, l'autre une des prérogatives les plus importantes du *dominium*, celle de pouvoir un jour disposer de la chose : n'est-ce pas là ce qui constitue l'*animus rem sibi habendi*, et n'a-t-il pas le droit de se prévaloir d'une possession personnelle? Il y a là, il faut bien le reconnaître, une double possession, chacune de différente nature, et existant séparément chez l'un et chez l'autre. Le créancier gagiste possède, car les textes le déclarent formellement : *Qui accepit, possidet* (D., L. 16, *de usurp.*). — *Pignus, manente proprietate debitoris, solam possessionem transfert ad creditorem* (D., 35, § 1, *de pigner. actione*). Le débiteur possède, lui aussi : cette même loi 16 *de usurpationibus* en fait foi : *Qui pignori dedit, ad usucapionem tan-*

*tum possidet...*; et la loi 30, au Code, *de possessione*, n'est pas moins explicite : *Qui pignoris causa fundum creditori tradit, intelligitur possidere.* Il n'a point, il est vrai, l'exercice des interdits possessoires, qui incombent uniquement au créancier, mais il conserve un des principaux effets de la possession : l'usucapion. M. de Savigny, en se refusant à admettre cette dualité de l'*animus*, est obligé de contester, contrairement aux textes que nous venons de citer, l'existence réelle de la possession du débiteur; il est obligé de prétendre qu'il n'y a là qu'une apparence de possession; que l'usucapion accordée à ce dernier est moins l'effet d'une possession véritable que d'une sorte de fiction introduite en sa faveur, et qu'on ne serait pas fondé à lui opposer la maxime qu'il n'y a point d'usucapion possible sans possession : *Sine possessione usucapio contingere non potest.* Si cette exception résulte de la nature du contrat de gage, comment se fait-il cependant que les jurisconsultes romains ne l'aient point indiquée, et qu'ils aient toujours considéré le débiteur comme possédant véritablement? Cette possession *ad usucapionem*, elle est la conséquence de son *animus domini*, tandis que le créancier ne peut se prévaloir que de la possession *ad interdicta*, parce qu'elle est suffisante à protéger sa possession de fait, cette jouissance d'un gage qu'il détient avec un *animus* particulier, avec l'*animus rem sibi habendi*. Sa possession n'a donc rien de dérivé, elle lui appartient en propre, car elle renferme tous les éléments nécessaires qui constituent une possession juridique.

Quelques auteurs, et entre autres Zachariæ, ont cru à tort y reconnaître les caractères d'une *juris possessio;*

d'après eux, le débiteur conserverait la *corporis pos-sessio*, et le créancier ne posséderait qu'une sorte de *jus in re*, comme l'usufruitier. Nous réfuterons ce système, lorsque nous parlerons de la *juris possessio*.

Quant au précariste, il n'a point non plus l'*animus domini*, mais il n'en a pas moins une véritable pos-session, puisque le concédant a un interdit *recupe-randæ possessionis*, l'interdit *de precario* pour recou-vrer sa possession. D'ailleurs la loi 4, § 1, *de precario*, dit expressément qu'il possède : *Meminisse autem nos oportet, eum qui precario habet, etiam possidere.* Sans doute, son *jus possessionis* est assez restreint, puis-qu'on refuse au précariste même l'action *de furtis* (D., 14, § 11, *de furtis*); mais il n'en a pas moins l'in-tention de retirer de la chose donnée à précaire tous les services qu'elle peut rendre, tant que le concédant ne la lui reprendra point. Cet avantage si important ne suffit-il pas pour caractériser sa possession, et cons-tituer à son égard l'*animus rem sibi habendi* ? Aussi doit-on voir en lui non un simple détenteur, mais un possesseur proprement dit, bien qu'on lui conteste encore cette qualité. (Voir Schaeter, *Veber den abgeleit eten besitz.*)

L'*animus* ne doit pas seulement exister chez le pos-sesseur, mais aussi chez ceux qui acquièrent la pos-session en son nom. On sait que les jurisconsultes, par exception à la règle qu'on ne peut acquérir pour soi-même par le moyen d'un tiers, *per extraneam personam nihil acquiri posse*, avaient autorisé, pour faciliter l'acquisition de la possession, la représenta-tion du possesseur, pourvu que le représentant fût une personne libre, *et id tam ratione utilitatis quam juris-*

*prudentia receptum est* (Paul, *Sent.*, l. V, tit. ii, § 1 ;
D., 3, § 12; 1, §§ 5, 6, 8, 20, *de acq. vel amitt. poss.*).
Mais pour que nous puissions acquérir *corpore alieno*,
il faut que le tiers qui nous sert d'intermédiaire ait
l'intention d'appréhender la chose pour nous, *nostro
nomine* (D., L. 1, § 10 ; L. 34, § 2, *de acq. vel amitt.
poss.*). Si vous donnez par exemple à votre esclave
l'ordre d'acquérir pour vous, et qu'il acquière la possession pour Titius, vous n'aurez point la possession,
ni Titius non plus, tant que l'esclave ne sera pas en sa
puissance. Si le tiers agit *sponte sua*, sans mandat, la
possession ne sera conférée ou représentée qu'autant
qu'il y aura ratification (D., L. 42, § 1, *h. tit.*). S'il
agissait en vertu d'un mandat, dans son intérêt personnel, *suo nomine*, l'acquisition de la possession n'en
serait pas moins assurée au mandant, car l'intention
du *tradens* qui veut transmettre la chose du représenté doit prédominer et l'emporter sur l'intention
contraire du représentant infidèle, qui veut acquérir
pour lui-même ou pour un autre (1) (D., L. 1, § 20,
*h. tit.; L.* 13, *de donat.*—Voir de Savigny, *de la Possession*, p. 280).

La représentation ne pourrait se faire par une personne chez laquelle l'*animus* fait défaut : il faut que
les deux volontés concourent ; aussi les *furiosi*, incapables de volonté, ne pouvaient pas plus acquérir la

(1) Le jurisconsulte Julien semble dire, au contraire, qu'il n'y aura
dans ce cas aucune transmission de possession effectuée (D., 37, § 6,
*de acq. vel omitt. poss.*). M. de Savigny concilie les textes avec ceux
d'Ulpien, qui déclarent expressément qu'il y a acquisition au profit du
représenté, en ajoutant ces mots : *ex mente procuratoris*, à ceux de
Julien : *nihil agetur*... M. de Vangerow préfère admettre qu'Ulpien
était, sur ce point, en opposition d'idées avec Julien.

possession pour eux-mêmes que pour un autre, bien que celui-ci eût la volonté d'acquérir. De même, si l'*animus* ne coexistait point chez le représenté, le représentant n'aurait pas le pouvoir, quelque intention qu'il en ait, de faire acquérir au représentant : *Ignorantibus possessio non acquiritur;* à moins que celui-ci ne sache que la possession doit être prise en son nom; car, dans ce cas, il n'a pas besoin d'être informé de l'exécution de son mandat, l'*animus* préexiste déjà. Telle est l'hypothèse que prévoit la constitution de l'empereur Sévère rapportée au livre II des Institutes, tit. ix, § 5, *per quas pers. acq.*: « *Placet non solum scientibus, sed et ignorantibus nobis adquiri possessionem.* » De même, la concession d'un pécule faite à un esclave emporte implicitement ratification de tout ce qui sera acquis de ce chef : *Nostra voluntate intelliguntur possidere qui eis peculium habere permisimus.* Ici, l'*animus* est censé exister chez le maître de l'esclave à chaque acquisition effectuée *peculariter,* et cette présomption a été établie dans l'intérêt des maîtres, qui, sans cela, seraient obligés de s'enquérir de toutes les causes d'acquisition, *id utilitatis causa, ne cogerentur domini per momenta species et causas peculiorum inquirere* (D., 44, § 1, *de acq. vel amitt. poss.*).

Celui qui était en possession pouvait abdiquer son *animus* au profit d'un nouveau possesseur, et lui transmettre ainsi sa possession. L'ancien possesseur restait dans le même rapport physique avec la chose; mais, au lieu de la posséder *pro suo*, il la détenait désormais *alieno nomine*. C'est ce que les commentateurs ont appelé le *constitut possessoire*. Cette transformation de la possession en détention n'était que l'inverse et la contre-partie de ce qui se passait quand le détenteur, comme le locataire, le dépositaire, était autorisé, par suite d'une convention avec le propriétaire, à traiter dorénavant la chose comme sienne : c'était l'hypothèse de la tradition *brevi manu* (Instit., § 44, *de divis. rer.*, lib. II ; D., 18, pr., *de acq. vel amitt. poss.*).

Puisque la volonté est de l'essence de la possession, nous avons vu que les personnes incapables de volonté ne pouvaient l'acquérir : *Furiosus et pupillus non possunt incipere possessionem, quia affectionem non habent... sicuti si quis dormienti aliquid in manu ponat* (D., L. 1, § 2, *h. tit.*). Toutefois le mineur, lorsqu'il a atteint un âge où il peut agir avec discernement, *ejus ætatis ut intellectum capiat*, doit être considéré comme capable d'acquérir la possession sans l'autorisation du tuteur. Hors ce cas, toute personne en tutelle ou en curatelle doit être, à cet effet, représentée par son tuteur ou curateur (13, § 1 ; 32, § 2, *h. tit.*).

Les personnes morales, comme les cités, ne pouvaient, à l'origine, acquérir la possession ; mais on leur permit de se faire représenter par leurs esclaves ou par leur syndic, qui reçut mission de manifester l'*animus* en leur nom : *Sed hoc jure utimur ut et possidere possint per servam et per liberam personam* (D., L. 1, § 22, et L. 2, *h. tit.*).

Nous terminons ici les considérations générales que nous avons cru devoir exposer sur les deux éléments substantiels de toute possession. Ces principes dominent la matière et se retrouvent, à part quelques différences que nous aurons à analyser, avec les mêmes conditions d'application dans la possession particulière aux servitudes. Demandons-nous maintenant quelle est la nature de la possession : est-elle un fait ou un droit ? et si c'est un droit, est-il réel ou personnel ? Ces questions ont une certaine gravité, elles ont soulevé et soulèvent encore de nombreuses controverses dans la doctrine ; aussi ne sera-t-il pas hors de propos de les traiter comme une sorte d'appendice à ces notions générales.

La possession est-elle un fait ou un droit ? La question est plus difficile à résoudre en droit romain, où la possession ne survit point au fait actuel qui la constitue, où ses effets disparaissent avec elle, puisqu'il n'existe pas de saisine possessoire qui puisse, comme dans notre droit, les prolonger pendant un certain laps de temps même après la perte de la possession actuelle. Bartholo distinguait avec raison deux moments dans la possession : celui qui est concomitant à l'acquisition, et celui qui y succède une fois la possession acquise. Celle-ci, à l'instant même où elle est acquise, n'est qu'un fait et non un droit : *Verum est quum possessio est in ipso actu producendi, non est jus, sed factum.* Mais lorsque l'acquisition était consommée, *prout in esse producta est*, bien qu'elle tirât son origine d'un fait, elle devenait néanmoins, selon Bartholo, un véritable droit, *ex facto oritur jus*, de la même manière que les obligations se forment à la suite de faits qui leur donnent naissance. Doneau prétendait, au contraire, qu'un fait ne changeait point de caractère par cela seul qu'il persévérait dans sa durée, et que la possession, étant un fait à son origine, devait

rester telle, à quelque temps de sa formation qu'on pût
se placer : *Ego autem ita statuo, possessionem nihil,
nisi detentionem esse, non tantum quum acquiritur,
sed et tunc quum quæsita est.* Les textes du droit
romain ne sont point de nature à élucider la question,
car il n'est pas rare de voir les mêmes jurisconsultes
qualifier tantôt la possession de fait, *factum*, tantôt
l'appeler un droit, *jus possessionis ;* aussi cette contradiction apparente n'a-t-elle pas peu contribué à compli-
quer ce problème, et à entretenir les divergences qu'il
suscite. C'est ainsi que, dans la loi 19, *ex quibus causis,*
Papinien nous dit que la possession ressemble beaucoup plus à un fait, *possessio autem plurimi facti
habet*, et le même jurisconsulte, dans la loi 49, *de
acq. vel amitt. poss.*, semble démentir à deux reprises
l'assertion qu'il avait émise ailleurs : *Possessio plurimum ex jure mutuatur ;* et de même nous lisons à la
ligne suivante : *Qui in aliena potestate... possidere
non possunt, quia possessio non tantum corporis,
sed juris est.* Cuperus (*Observat. selectæ de natura possessionis*, cap. V, p. 70) a cherché à concilier ces diverses propositions, en démontrant que la possession
pouvait être tantôt un fait, tantôt un droit. Voici comment il formule son opinion : « *Res facti possessio
mansit quatenus pro possessore habetur is cui naturalia possessionis requisita præsto sint ; non habetur,
cui ea præsto non sint. Plurimum autem est ex jure
mutuata, quatenus lex sua potestate vel deficientia
supplet naturalia possessionis requisita, vel contra
deficere ea fingit ubi non deficiunt.* » La tentative de
conciliation n'est pas heureuse ; car il est permis de
douter qu'il ne soit jamais entré dans l'esprit des juris-

consultes la pensée de donner à cette expression de
*res juris* la signification forcée que Cuperus affecte
d'y attacher. Ainsi il décide que la possession est de
fait, quand celui qui la détient jouit de la chose corpo-
rellement, et qu'elle devient un droit quand, par une
fiction, la loi concède au possesseur certaines conditions qui lui manquent pour constituer sa possession.
Mais si la possession pleine et entière est un pur fait,
comment la possession complétée par la fiction peut-
elle changer de nature et devenir un droit, par cela
même qu'elle est imparfaite ?

Est-il bien vrai d'abord que Papinien soit en contradiction avec lui-même, et qu'il désavoue dans la
loi 19, *ex quibus causis majores,* ce qu'il affirme dans la
loi 49, *de acq. poss?* Quand, dans cette loi 19, il déclare
que la possession participe beaucoup du fait, entend-
il par là qu'il n'y a pas un *jus possessionis ?* nullement ; il s'est borné à dire que le *postliminium* était
impuissant à renouer la chaîne de la possession que
la captivité avait brisée, parce que la possession en
elle-même est une *causa facti,* c'est-à-dire qu'elle ne
survit pas à son état de fait. M. Marinier, dans la *Revue
critique* (XIVe), nous fait remarquer que le mot *res
facti,* opposé à *res juris,* signifie, la plupart du temps,
un état de choses qui doit persister et se continuer
dans les mêmes conditions d'activité pour que les
effets juridiques qui y sont attachés puissent se conserver : c'est ainsi que le mariage et le droit d'habita-
tion sont des *res facti,* parce qu'ils ne subsistent qu'à
la condition qu'il n'y ait aucune interruption dans leur
exercice, qu'il y ait permanence et continuité absolue
dans la série d'actes dont ils se composent. Il en est

de même de la possession : elle se perd par suite de la cessation du rapport physique qui existe entre la chose possédée et son possesseur. Dans le même ordre d'idées, le mot *res juris* s'applique au contraire aux droits qui continuent de subsister par eux-mêmes, par la seule force de la loi·, indépendamment d'un fait quelconque d'exercice. Il en résulte qu'il faut bien prendre garde de s'autoriser des expressions *res juris* et *res facti* pour prétendre que les jurisconsultes romains concevaient, suivant les cas, la possession comme un fait ou comme un droit : ce serait s'exposer à leur prêter une opinion qu'ils ne paraissent pas avoir, et qu'ils n'ont peut-être jamais eue. D'ailleurs le mot *factum* signifie souvent une question de fait soumise à l'appréciation des juges, et c'est dans ce sens que Paul semble l'avoir employé, lorsqu'il dit dans la loi 1, § 3 *(de acq. vel amit. poss.): cum enim rem facti, non juris esse.* Au surplus, certains textes nous offrent la possession mise sur la même ligne que les droits résultant des contrats et des obligations, et Ulpien, dans la loi 38, *de verborum obligatione*, ne se fait pas faute de l'associer, sous certains rapports, aux droits d'usage et d'usufruit, ainsi qu'aux autres droits en général : *Si quis de possessione nuda controversiam fecerit, vel de usufructu, vel de usu, vel de quo alio jure...* Aussi n'hésitons-nous pas à dire que si nous avions à nous prononcer sur cette question d'après la pensée probable des jurisconsultes, nous inclinerions à décider qu'il y a un *jus possessionis*.

Mais c'est dans la nature même de la possession que nous préférons en chercher la solution, et, à la considérer intrinsèquement, il nous semble qu'elle est beaucoup plus un droit qu'un fait. N'est-ce pas un droit, ou tout au moins une faculté qui est bien près de ressembler à un droit, que celle qui permet au possesseur de profiter de tous les avantages que peut procurer la chose possédée, de s'en assurer la jouissance à l'égard des tiers qui y porteraient atteinte, et même à l'égard du véritable propriétaire, tant qu'il n'a pas justifié de son droit de propriété? Les interdits possessoires ne sont-ils pas comme la sanction de ce droit? et, d'ailleurs, ils sont des actions d'une nature spéciale destinées à protéger et à défendre la possession contre tous ceux qui ne peuvent opposer une exception capable d'y faire échec; or il n'y a point d'action sans qu'il existe un droit correspondant. Est-ce que le possesseur n'acquiert pas avec le temps une position juridique qui le rapproche de jour en jour de la propriété, qui se transformera même en ce droit si sa possession est accompagnée d'un juste titre et de la bonne foi? Le droit est renfermé dans la possession, dit M. Molitor, parce que le droit naît d'un fait volontaire, de la liberté, élément du droit et de l'obligation. Un fait sans volonté reste un fait, et n'a aucune valeur morale : il ne peut devenir un droit. — Au reste, comment expliquer que la possession, si elle n'est véritablement un droit, soit susceptible d'être l'objet d'une représentation, que l'accession s'y applique? car si elle était un pur fait, la possession d'un précédent possesseur ne pourrait jamais se transmettre et se joindre à celle d'un nouveau possesseur. Domat, dans son *Traité des lois civiles* (liv. III, t. VII), enseigne que la possession est un droit, et telle est aussi l'opinion de Grotius : *Jus possidendi est quod ex posses-*

*sione sequitur...; jus inde oriundum est quod quisque rem a se possessam detinere et sibi eripere volenti resistere possit, et quod in possessione maneat donec alius rem evincict jure.* « Le droit de possession, dit M. Blondeau, consiste essentiellement dans le droit d'occuper exclusivement la chose tant qu'un autre individu ne prouve pas qu'elle lui appartient, et ce droit est indirectement établi chez les Romains, tant par les dispositions qui accordent au possesseur les interdits et les actions publiciennes et de vol, que par celles qui le dispensent de prouver comment il a acquis la chose, tant que son adversaire ne prouve pas qu'elle lui a appartenu. » En Allemagne, M. Muhlenbrucht (*Doctr. pandect.*, tome II, n° 234) et Hugeland *(Traité sur la possession)* ont admis et enseigné qu'il y avait un *jus possessionis.* M. de Savigny cependant soutient qu'elle est à la fois un fait et un droit : un fait quant à son essence, et un droit par les conséquences légales qui y sont attachées.

Les interdits possessoires ne prouvent point, d'après lui, que la possession soit un droit, car ils ne tendent pas à protéger le possesseur comme tel, mais comme victime d'un acte de violence qui est illégal en sa forme et qui, par cela même, exige réparation : ainsi ils procèdent d'obligations *ex maleficio*, qui se produisent à la suite d'un fait délictueux commis à l'encontre du possesseur, bien loin d'avoir pour cause et pour fondement le maintien et la conservation du *jus possessionis.*

Nous sommes en droit d'objecter à M. de Savigny que les interdits possessoires ne résultent pas toujours d'un acte de violence; que l'interdit *uti possidetis*, par exemple, ne suppose qu'une simple contestation (*con-troversia*) sur la possession ; que le trouble sans la violence suffit pour lui donner naissance (1). Et même la crainte d'être inquiété dans sa possession ne per-met-elle pas de recourir à cet interdit, avant même que le dol ou la violence ne se soit produit ? comment admettre alors qu'il provienne d'une obligation *ex maleficio* ? La réparation ne peut précéder le délit ; or tant qu'il n'est pas commis, le possesseur ne doit avoir aucun moyen préventif pour se mettre à cou-vert de toute attaque future et faire reconnaître judi-ciairement sa possession ; ou, s'il peut agir, il faut con-venir que son action a tout autre cause qu'un délit ou un quasi-délit. Du reste, on ne saurait poser en prin-cipe que toute violence soit injuste en elle-même : elle ne l'est qu'autant qu'elle viole un droit ; et celle qui prend sa source dans la légitime défense n'est rien moins qu'illégale et injuste par elle-même. Si donc la violence est injuste quand elle s'attaque à la posses-sion, c'est que celle-ci est un droit, et qu'il y a par conséquent violation du droit.

M. de Savigny insiste néanmoins sur le fait de vio-lence, et déclare qu'un acte illicite en soi ne peut faire acquérir un droit : or la possession s'obtenant par la violence ne doit pas être considérée comme un droit. A cela il est facile de répondre que la violence ne peut, il est vrai, faire acquérir aucun droit à l'égard de celui qui en a été victime, de celui qui l'a subie ; mais, à l'égard de tous autres, rien n'empêche qu'elle puisse

---

(1) Non aliter interdicto (uti possidetis) locus est, quam si de rei ejusdem possessione inter duos contentio sit, disait Voët, *ad Pandect.*, *uti poss.*, n° 3. (Voir également la loi 1, § 3, *de uti possid.*)

produire quelque effet, car elle n'a point porté atteinte à leurs droits; ils n'ont souffert aucune lésion, et, par conséquent, ils n'ont aucun intérêt à attaquer la possession acquise de cette manière; à leurs yeux, la violence est comme si elle n'existait pas, puisqu'ils n'ont point de raisons pour s'en prévaloir et qu'ils ne sont pas fondés à l'opposer. Aussi la loi accorde-t-elle au possesseur les moyens de faire respecter sa possession à l'encontre de tous ceux qui n'ont point une exception utile à invoquer: *Justa enim vel injusta adversus cæteros possessio sit, in hoc interdicto nihil refert* (D., L. 2, *uti possidetis*).

Le même auteur oppose encore que la possession est transmise par des actes nuls, et qu'il est difficile de comprendre que des actes qui n'ont aucune valeur légale aient cependant pour effet de créer un droit : c'est ainsi qu'une donation non insinuée transfère au donataire la possession de la chose donnée. Mais pourquoi celle-ci ne serait-elle pas valablement possédée, bien que la donation ne soit pas valable? n'y a-t-il pas, de la part du donataire, volonté de procéder à titre de maître, et de la part du donateur celle de transférer la possession, et ce concours de volontés, s'ajoutant à une appréhension effective, ne suffit-il pas pour la constituer régulièrement ?

Sans doute la détention matérielle qui se trouve à l'origine de toute possession est un fait, lorsqu'on l'envisage en elle-même; mais lorsqu'à ce fait se joint l'élément moral et juridique de la volonté, qui communique à la chose possédée une partie de l'inviolabilité qui s'attache à la personne du possesseur, que la possession se perpétue dans les mêmes conditions

que le droit de propriété, dont elle emprunte les apparences, et en qui elle se résume quelquefois, qu'elle
s'affirme à l'égal de ce droit comme un pouvoir permanent, non-seulement susceptible d'être reconnu,
maintenu et même réintégré le cas échéant, mais encore d'être l'objet d'une représentation très-étendue,
d'une transmission valable au moyen de contrats civils,
comme la vente et le louage, comment se refuser à
voir dans ces effets si nombreux de la possession les
qualités constitutives du *jus possessionis*, surtout quand
elle put survivre aux faits d'exercice qui la constituaient, et que l'intention seule suffit pour la conserver, malgré l'interruption plus ou moins prolongée
qui suspendait les actes de jouissance? *Si non derelin-
quendœ possessionis animo, sed postea reversurus inde
discesserit, retinere possessionem videatur* (Instit.,
§ 5, *de interdictis*).

Si la possession est un droit, quel est son caractère,
est-il réel ou personnel ? M. de Savigny ne pouvait,
à moins de se contredire, considérer comme réel le
*jus possessionis*. Dès lors que les moyens d'action qui
lui incombent ont leur fondement dans une obligation
personnelle, ils doivent nécessairement lui imprimer
un caractère de personnalité qui s'oppose à ce qu'il
soit assimilé aux autres droits réels. De plus, l'émi-
nent professeur invoque l'autorité d'Ulpien, qui semble
reconnaître en effet que les interdits sont personnels, surtout lorsqu'ils résultent de la violence : *Interdicta omnia, licet in rem videntur concepta, vi tamen
ipsa personalia sunt* (D., L. 1, § 3, *de interdictis*). Il
est vrai que la possession, au lieu de constituer un
droit absolu opposable à tous les tiers, comme le droit

de propriété, ne confère qu'un droit relatif, opposable
seulement à tous ceux pour lesquels la possession
n'est pas injuste et vicieuse. Ainsi le possesseur qui
est redevable de sa possession à la violence ne serait
point reçu à l'opposer à celui qui a souffert de la violence ; et c'est à ce point de vue seulement qu'on peut
dire que le *jus possessionis* est personnel. Mais à l'é-
gard de tous autres, il est aussi efficace, aussi absolu
que le droit de propriété lui-même : *Adversus extra-
neos vitiosa possessio prodesse solet* (D., L. 3, *de
acq. vel amitt. poss.*). A l'examiner d'ailleurs dans ses
qualités intrinsèques, il est sans contredit un droit
réel, puisqu'il suppose un rapport direct et immédiat
entre la chose et la personne qui possède. Sans doute
ce droit n'a point la même force et la même puissance
qu'un *jus in re*, puisqu'il n'est permis de l'opposer
qu'à l'encontre de certaines personnes, et qu'il est impuissant à survivre au fait actuel de possession; car il
n'existe point en faveur du possesseur non fondé en
titre une action *in rem* qui permette de recouvrer
entre les mains des tiers la possession qu'on a perdue
sans violence. Mais de ce que le droit disparaît avec le
fait qui l'a produit, il ne s'ensuit pas que le *jus possessionis* soit plus personnel que réel, puisque, dans ce
cas, il est perdu pour tout possesseur qui n'est plus en
possession de la chose. Aussi Huberus (Instit., *de just.
de interd.*, p. 449), pour démontrer combien ce droit
est imparfait et incomplet relativement au *jus in re*,
qui affecte la chose et la suit en quelques mains qu'elle
passe, le caractérise-t-il d'une expression assez origi-
nale : La possession, dit-il, est un droit momentané:
*jus possessionis est momentaneum.*

Quelques auteurs ont été jusqu'à prétendre qu'il n'était ni réel ni personnel, comme sont certains droits qui concernent l'état, la légitimité des personnes, et qu'on ne saurait en effet qualifier de réels ou de personnels dans le sens spécial qu'on attache à ces expressions ; c'est du moins ce qu'enseigne M. Muhlenbrucht. Mais il faut reconnaître que le rapport de dépendance qui existe entre l'objet possédé et le possesseur est trop étroit pour qu'il soit possible de nier le caractère de réalité de la possession.

Pour compléter cet aperçu général sur la nature de la possession, il ne nous reste plus qu'à présenter de courtes observations sur la manière dont elle se conserve et se perd.

De même que la possession s'acquiert *animo et corpore*, de même la coexistence de ces deux éléments constitutifs est indispensable en principe pour sa conservation (D., L. 30, § 3 et § 4 ; L. 3, § 7, *de acq. vel amitt. poss.*). Mais remarquons qu'il n'est point nécessaire d'agir constamment sur la chose pour en conserver la possession, ni même d'avoir la volonté expresse, absolue et sans cesse manifestée, de la posséder : il suffit qu'on puisse exercer sur elle quelques actes de jouissance, et que l'inaction du possesseur ne se prolonge point de telle sorte qu'il soit possible d'en induire la perte de l'*animus*.

Pour que la possession soit perdue *corpore*, il importe que la possibilité de disposer qui constitue le *corpus* ait été changée en impossibilité par un *contrarium actum*. Il ne suffirait pas qu'une chose mobilière soit momentanément égarée, qu'on ne sache, *propter infirmitatem memoriæ*, où elle se trouve pré-

sentement : il faut qu'il soit impossible de la re-
trouver. On faisait cependant une exception pour
l'esclave qui prenait la fuite, *ne ipse nos privet possessione* (D., 13, *h. tit.*). Quant aux immeubles, la perte
de l'*animus* entraîne la perte de la possession : *In
amittenda possessione affectio ejus qui possidet in-
tuenda est ; itaque si in fundo sis et tamen nolis
eum possidere, protinus amittes possessionem.* Il y
avait également perte de la possession, s'il y avait
impossibilité d'agir à son gré sur le fonds (D., L. 3,
§ 6, *h. tit.*; L. 4, § 22, *de usurpat.*). Il résulte bien
de ces textes que l'absence d'un des éléments de la
possession suffisait pour la faire perdre. Cependant le
jurisconsulte Paul, dans la loi 8, *de acq. poss.*, semble
n'attribuer cet effet qu'à la perte simultanée des
deux éléments : *Ita nulla possessio amittitur in qua
utrumque in contrarium actum est.* Pothier et Cujas
rattachaient ce texte à l'hypothèse exceptionnelle des
immeubles qui se conservent *solo animo ;* mais,
d'après la généralité des termes, il est difficile de
supposer que le jurisconsulte a eu en vue une exception plutôt qu'une règle générale. Nous préférons
admettre, avec M. de Savigny, que le mot *utrumque*
désignait quelquefois un rapport alternatif, et qu'il
était alors synonyme d'*alterutrum*.

Quant à l'exception qui avait été établie en faveur
de certains immeubles, comme les *saltus hiberni et
œstivi*, dont l'exploitation n'était possible qu'une
partie de l'année, et à l'égard desquels l'absence
était insuffisante pour faire perdre la possession, elle
ne tarda pas à être généralisée et étendue à tous
les biens fonds quels qu'ils fussent : *Non ex omnibus*

*prædiis, ex quibus non hac mente recidimus ut amisisse possessionem velimus, idem est* (D., Ulpien, 1, § 25, *de interd.*). On avait commencé tout d'abord par déclarer clandestine la possession de celui qui avait profité de l'éloignement du possesseur, et l'interdit *de clandestina possessione* permettait à celui-ci de recouvrer sa possession (D., 7, § 5, *communi dividundo*). Puis on jugea qu'il était plus simple de la considérer comme non interrompue, bien qu'il fût absent, parce qu'il eût été injuste d'être dépouillé sans le savoir d'un immeuble dont il ne faisait point l'abandon, et ne s'éloignait que pour y revenir (D., 46 et 3, § 11, *h. tit.*) (1). Cette fiction était nécessaire pour qu'il fût possible d'intenter l'interdit *uti possidetis*, puisqu'il exigeait une possession actuelle ; aussi, à dater de ce moment, l'interdit *de clandestina possessione* tomba-t-il en désuétude.

## SECTION II.

### DES INTERDITS POSSESSOIRES.

Les moyens de droit qui protégent la possession sont les interdits possessoires. Ils furent introduits, à Rome surtout, en vue de mettre fin aux disputes et aux violences qu'elle suscitait entre les citoyens. L'époque

(1) La possession durait jusqu'à l'expulsion, et on décidait généralement, *quod quasi magis probatur*, qu'il y avait expulsion, lorsque le possesseur était repoussé à son tour, ou n'osait pas y rentrer par crainte des violences dont il était menacé : *Usque eo possidemus, donec revertentes non aliquis repellit* (D., 23, § 2 ; 33, § 2, *de usurp.*). Cependant, si la possession était *vacua*, on considérait comme contraire à l'intérêt

de leur institution est assez incertaine ; ils étaient cependant en usage du temps de Cicéron, puisque son
plaidoyer pour Cæcina tendait à prouver que la possession n'est pas une condition indispensable pour
intenter l'interdit *de vi armata* (*Pro Cæcina*, cap. 31
et 32). Sous l'ancienne procédure des actions de la
loi, on n'y avait point recours ; or toute contestation
relative à la possession se confondait alors avec la
revendication du droit de propriété, et ce ne fut principalement que sous le système formulaire que l'instance possessoire se dégagea de l'action pétitoire. Le
règlement de la possession se faisait, dans ce cas, devant le magistrat, qui adjugeait à l'une des parties la
jouissance intérimaire et provisoire de l'objet litigieux
jusqu'à la fin de l'instance en revendication : c'était là
la formalité des *vindiciæ*, qui furent une sorte d'ache-
minement, et comme une première étape vers l'organisation de la procédure des interdits possessoires.
Les Douze-Tables en faisaient déjà mention : *Si qui in
jure manum conserunt, secundum eum qui possedet...,
vindicias dabo* (Tab. VI, § 6, texte revu par Gode-
froy).

Plusieurs savants, et entre autres MM. Nieburh et
de Savigny, se sont livrés à des recherches très-im-
portantes sur l'origine de la possession et des interdits possessoires. Ils ont développé et soutenu une
thèse historique qui, tout hypothétique qu'elle est,

général d'empêcher de cultiver et d'utiliser l'immeuble ; aussi une absence trop prolongée eût fait perdre la possession, à moins qu'il n'y
ait eu *justa causa*. Justinien, toutefois, refusa à tout usurpateur la
faculté de conserver la possession, tant qu'il n'avait pas prescrit le
fonds *possessione longissimi temporis*.

n'en est pas moins séduisante par un certain cachet d'originalité et même de vraisemblance. Voici, en quelques mots, le résumé de leur système :

À Rome, il y eut deux sortes de biens fonds : l'*ager publicus*, domaine de l'État, inaliénable et imprescriptible, et l'*ager privatus*, qui était dans le commerce. Le premier comprenait une partie de l'*ager romanus*, et des terrains conquis sur les peuples voisins. Les hautes familles de l'aristocratie ne tardèrent pas à prendre à longue jouissance une partie de ces terres non partagées, et se perpétuèrent dans cette détention. Ce fut là l'origine de ces *latifundia* qui enfanta tant d'abus, malgré les tentatives de réformes qu'essayèrent en vain d'apporter les lois agraires. À l'ombre de la protection prétorienne, les détenteurs de l'*ager publicus* réunirent leurs efforts pour constituer leur détention en possession légale ; on les appela des *possessores*, et leurs fonds *possessiones* par opposition aux *prædia*, qui étaient l'objet d'un droit de propriété civil. Ce fut pour protéger ou sauvegarder cette possession que les préteurs créèrent les interdits possessoires ; et ces mêmes interdits, dont on avait su apprécier les avantages, furent étendus ensuite à la possession de l'*ager privatus*. (Voir également M. Giraud, 2e part., t. I, *Traité sur l'origine de la propriété romaine* ; de Savigny, *de la Possession*, §12).

L'induction que tirent ces auteurs de la qualification de *possessiones* donnée aux terres occupées par les détenteurs de l'*ager publicus* est trop hasardée, il faut bien le reconnaître, et trop problématique pour élever ce système à la hauteur d'une vérité historique incontestable.

En effet, s'il est vrai que la théorie de la possession
ne se soit développée qu'à la suite de cette détention
particulière de l'*ager publicus*, si les interdits possessoires ont été institués en faveur de cette possession,
il faudrait naturellement prouver que leur existence
date de ce moment, et qu'elle est postérieure à la détention de l'*ager*. Or, dans ce système, on se contente
de le supposer, mais on ne le démontre point ; de
plus, si telle est l'origine des interdits possessoires,
les premiers qui furent employés devaient nécessairement être des interdits *retinendæ possessionis*, s'appliquant uniquement aux immeubles ; et cependant
on constate que de très-bonne heure il exista un
interdit *utrubi*, applicable aux meubles (De Vangerow et Molitor) [1]. D'ailleurs il n'est point certain
que ce soit seulement en vue de la possession que la
procédure des interdits ait été organisée, qu'elle ait

(1) On serait peut-être également fondé à retourner cette hypothèse,
et à prétendre que l'institution des interdits s'étendit de Rome au ter-
ritoire de l'*ager publicus* et aux fonds provinciaux, par comparaison et
par application de ce qui avait lieu à l'égard des fonds Italiques.
M. Molitor suppose en effet que des moyens possessoires durent être
créés très-promptement dans l'ancien *jus civile*, pour venir au secours
de certains droits imparfaits qui résultaient de l'absence d'une des
formalités rigoureuses exigées pour la transmission de la propriété, et
que leur légitimité recommandait particulièrement à la sollicitude des
magistrats. En effet, si, d'après Gaius, il n'y avait qu'un seul domaine
pour les étrangers comme pour les citoyens romains, *aut enim ex jure
quiritium unusquisque dominus erat, aut non intelligebatur dominus*
(Com. II, § 40), les étrangers, qui n'avaient point le *commercium*, ne
pouvaient avoir que des droits de possession, et en dehors de l'acquisition du *dominium ex jure quiritium* par les modes civils, ceux du
droit des gens ne pouvaient conférer que des droits de possession. De
même, les *res mancipi* transmises par un mode autre que la *manci-
patio* ou l'*in jure cessio*, n'étant pas susceptibles d'un véritable *dominium*, devaient être l'objet d'un droit de possession qui méritait d'être
entouré d'une protection efficace et immédiate.

été la cause et l'occasion première de leur institution.
Il semble même, au contraire, que les interdits possessoires n'ont été introduits que postérieurement à l'application des interdits généraux, qui réglementaient
les matières d'ordre public. Les préteurs, en effet, durent pourvoir tout d'abord à la protection des grands
intérêts publics, qui ne faisaient point l'objet d'une
réglementation spéciale, comme les choses sacrées et
religieuses, la voirie et la navigation des fleuves ; et
comme la possession privée intéressait également le
bon ordre et la tranquillité générale à cause des rixes
et voies de fait qu'elle occasionnait, ils furent nécessairement conduits à lui appliquer les mêmes moyens
de sauvegarde et de conservation (Ortolan, *Explication
des Institutes*, ch. *des Interdits*).

Le nom d'interdits vient de ce que, sous l'empire de
la procédure formulaire, le magistrat émettait un
ordre qui faisait loi entre les deux parties : *Omnia interdicta appellari, quia inter duos dicuntur*. Le défendeur était appelé par l'*in jus vocatio* ; s'il ne com-
paraissait pas, il était condamné, *indefensus pro dam-
nato habetur*. En cas de comparution, sur l'exposition
de l'affaire par le demandeur, le préteur lançait l'interdit dans les mêmes termes que ceux qui étaient
consignés dans l'édit. Le défendeur se conformait-il à
l'interdit, le procès était terminé. Si le défendeur refusait de s'y soumettre, on procédait aux *sponsiones
et restipulationes*, et le magistrat émettait la formule
dans laquelle il invitait le juge à examiner si, en fait,
il avait été contrevenu à l'édit. La procédure était
pénale en même temps que préjudicielle, car celle
des parties qui succombait était condamnée par un

second jugement, le *judicium secutorium*, à payer le prix de la *sponsio* et à restituer la chose dans le cas où elle était en possession. Toutefois, au moyen de la formule arbitraire, *per formulam arbitrariam*, il n'y avait pas nécessité d'une gageure, et la procédure était, comme l'enseigne Gaïus, *sine pœna* (Zimmern, *Traité des actions*, § 72).

Les interdits possessoires sont ceux qui ont pour but d'assurer la maintenue en possession de celui qui possède actuellement et qui a acquis un véritable *jus possessionis*, ou le recouvrement de cette possession au cas où il l'aurait perdue par la violence. Ils comprennent seulement les interdits *retinendæ et recuperandæ possessionis*; car les interdits *adipiscendæ possessionis* ne sont pas, en réalité, des actions possessoires, puisque, dans ce cas, le demandeur ne prétend qu'à l'obtention d'une possession qu'il n'a jamais eue.

Les interdits possessoires ne résultent point d'obligations *ex maleficio*, comme nous l'avons démontré, contrairement à l'opinion de M. de Savigny; ils ne ne sont pas non plus de simples revendications provisoires. La possession forme une instance à part, indépendante de la propriété; si les interdits étaient des moyens destinés à faire valoir provisoirement le droit de propriété, celui qui possède devrait, en vertu d'une présomption générale, être provisoirement considéré comme propriétaire; or cette présomption n'existe point en droit romain. Ils reposent d'ailleurs sur une base qui n'a rien de commun avec le droit de propriété, qui exclut même toute idée d'un rapport quelconque avec ce droit, puisque la possession, fût-elle

en opposition directe avec ce dernier, trouve en
leur secours le moyen de résister aux attaques et aux
empiétements du véritable propriétaire ; aussi Ulpien
a-t-il pu dire avec raison qu'il n'y avait aucun lien
entre elle et la propriété : *Nihil commune habet pro-
prietas cum possessione.* S'il est vrai que les interdits
*retinendæ possessionis* servent quelquefois à préparer
la revendication, il n'en faut pas conclure que le
débat sur la possession soit toujours suivi de la revendication. Le rapport qui existe entre les interdits
*retinendæ possessionis* et les actions *in rem* est le plus
souvent accidentel. Leur objet spécial est, disions-
nous, de protéger la possession en elle-même comme
un état de choses qui ne peut être changé que par des
moyens de droit, abstraction faite des causes qui l'ont
produite : *Qualiscumque enim sit possessor, hoc ipso
quod possessor est, plus juris habet quam ille qui
non possidet.* Celui qui possède sans cause ou par
une cause injuste jouit du droit de possession aussi
bien que celui qui possède avec la cause la plus légitime, et il était nécessaire que ce possesseur de mauvaise foi fût également maintenu dans sa possession,
jusqu'à ce qu'elle lui soit enlevée par des moyens légi-
times, afin de ne pas donner accès aux rixes et aux
violences brutales. Comment en effet empêcher les
disputes, si la possession était demeurée en suspens ?
fallait-il laisser à la force le droit de régler le sort des
plaideurs ? De plus, elle ne pouvait être laissée vacante,
car il était d'intérêt public que les terres fussent cul-
tivées et ne restassent point improductives. Aussi ne
saurait-on trop approuver le principe qui fit préférer
au droit incertain de celui qui se disait propriétaire

le fait certain et manifeste du possesseur actuel : *In pari causa, melior est causa possidentis.*

En conséquence, il y avait lieu à l'exercice des interdits *retinendæ possessionis* toutes les fois que le trouble apporté à la possession causait au possesseur un préjudice dont il voulait prévenir le retour en même temps qu'obtenir une juste réparation, ou même lorsqu'il craignait pour l'avenir une semblable agression, lorsque, pendant un procès en revendication, il fallait prendre une décision sur la possession (Aulu-Gelle, *Noc. attic.*, lib. XX, ch. X); et il en était ainsi quand, les parties étant en instance au pétitoire, le débat venait à être porté sur la possession ; toute contestation au possessoire devait être vidée préalablement : *Si inter litigatores, quoties est proprietatis controversia, contendatur uter possideat...., ad hoc interdictum remittentur.*

Celui qui débutait au pétitoire ne perdait pas le droit de revenir, *pendente lite*, à l'instance possessoire, s'il pouvait d'ailleurs se prévaloir de faits actuels de possession ; car il était de règle que le demandeur *in rem* n'était point censé renoncer à sa possession, par cela seul qu'il avait commencé par intenter une action en revendication : *Non videtur possessioni renuntiare qui rem vendicavit* (D., 12, § 1, *de acq. vel amitt. poss.*). Remarquons que le jugement sur la possession ne préjugeait rien sur le fond du droit ; en sorte que celui qui succombait dans le procès de possession pouvait agir ensuite en revendication. Le vainqueur au possessoire devait alors fournir caution pour la restitution de la chose et des fruits, s'il ne voulait pas voir sa possession transférée, par suite du refus de donner caution, au demandeur *in rem*, qui, devenu à son tour possesseur, eût été déchargé du fardeau de la preuve.

Tel est le rôle de la possession et des interdits possessoires dans les instances auxquelles elle donne lieu. Si nous avons exposé ici ces quelques principes de procédure, c'est qu'ils trouvent également leur application en matière d'interdits quasi-possessoires, et que nous pourrons alors nous dispenser de les rappeler lorsque nous traiterons en détail de chaque interdit spécial aux servitudes. De même, comme nous aurons l'occasion de nous demander si les interdits *retinendæ vel recuperandæ possessionis* sont applicables à certaines servitudes, nous pensons que c'est rentrer dans notre sujet que d'en présenter la physionomie générale, sans insister toutefois sur les caractères qu'ils offrent en particulier.

Les interdits *retinendæ possessionis* comprenaient : l'interdit *uti possidetis* et l'interdit *utrubi*. Le premier était relatif aux immeubles, le second aux meubles. Deux conditions essentielles étaient exigées pour les mettre en mouvement : il fallait avoir une possession actuelle et subir un trouble qui ne fît pas perdre cette possession.

L'interdit *uti possidetis* n'était accordé qu'autant qu'il y avait contestation sur la possession : *Videris mihi possessionis controversiam facere, qui prohibes me uti* (D., 3, § 2, *uti possidetis*). Si, sans nous contester la possession, on commettait un dommage à l'encontre de ma propriété, je ne pourrais agir que par la loi Aquilia ou par l'interdit *quod vi aut clam*. Il devait être intenté dans l'année qui avait suivi la connaissance du trouble, et, passé ce délai, il n'était plus recevable. De plus, il était nécessaire que la possession ne fût pas vicieuse à l'égard du défendeur : *Non videtur possessionem adeptus, is qui ita victus est, ut eam retinere non possit* (D., 22, *de acq. vel amitt. poss.*). Les vices de la possession étaient : la violence, la clandestinité et la précarité ; ils formaient autant d'exceptions que l'on était en droit d'opposer à toute possession, quelle qu'elle soit, qui en était entachée, qu'elle s'appliquât aux choses corporelles ou incorporelles, comme les servitudes et tous les autres droits réels.

La violence suppose ordinairement une agression plus ou moins caractérisée et tendant à vous enlever la possession. Mais il n'est pas nécessaire, pour vicier la possession obtenue (*vi*) par la violence, qu'il y ait eu emploi de moyens énergiques à l'effet de triompher de toute résistance : il suffira d'avoir passé outre à la défense qui vous a été faite par celui qui en avait le droit, et vous serez alors réputé posséder violemment à son égard : *Vi factum videtur esse, si quis contra quam prohiberetur fecerit* (D., L. 1, § 5, *quod vi aut clam*). Cette défense peut se faire par paroles, par gestes, ou même par le jet d'une pierre, *lapilli vel minimi jactu*. Votre possession ne serait pas moins violente quand même cette prohibition n'eût pas été faite, si elle ne l'a été par suite des moyens d'intimidation auxquels vous avez eu recours pour paralyser la volonté de celui que vous saviez devoir la faire (D., 1, § 8, *eod. tit.*). Si toutefois cette injonction avait été faite sans droit, vous ne seriez point censé posséder violemment pour avoir passé outre (D., 50, 17, *de reg. juris*). Quant à la violence morale, elle ne vicie nullement la possession (1, § 10, *quod vi aut clam*). Ce vice est éminemment relatif ; tout autre que le lésé ne saurait s'en prévaloir, car, comme dit M. Bélime, on ne peut argumenter d'un fait dont un autre a souffert.

Le second vice de la possession est la clandestinité : il a lieu quand on cherche à soustraire les faits de possession à la vue ou à la connaissance de celui qui avait intérêt à s'y opposer, quel que soit le procédé dont on se sert pour se dérober à l'attention du principal intéressé (D., 3, § 8 ; 5, § 1, *quod vi aut clam*) : ce vice est aussi relatif. Celui dont on s'est caché a seul le droit d'en exciper, car il eût été injuste qu'il fût dépouillé de sa possession alors qu'il était dans l'impossibilité de connaître les faits qui étaient de nature à la compromettre.

La précarité n'avait pas, en droit romain, la même signification que nous lui avons donnée en droit français. Chez nous, en effet, la détention précaire est celle qui est destituée de toute intention de posséder, à titre de maître, qui n'est pas accompagnée de l'*animus domini*. A Rome, la précarité résultait d'un contrat appelé *precarium*, et en vertu duquel une personne concédait à une autre le droit de jouir en maître d'une chose, à la condition cependant de la restituer à première réquisition. Le concessionnaire avait une véritable possession et pouvait, au moyen de l'interdit *uti possidetis*, repousser les atteintes qui lui étaient portées, de quelque côté qu'elles provenaient, pourvu qu'elles n'émanassent pas du concédant, car celui-ci était libre de retirer la chose donnée à précaire quand bon lui semblait, et il avait même un interdit spécial, l'interdit *de precario*, pour recouvrer cette possession.

Lorsque le possesseur était déjeté de sa possession, l'interdit *uti possidetis* cessait d'être applicable, mais il pouvait, par l'interdit *unde vi*, se faire réintégrer dans la possession que la violence lui avait fait perdre. Quant à la nature de la violence, elle devait, dans ce cas, être telle qu'elle obligeât le possesseur à abandonner sa chose : *Ad solam autem atrocem vim pertinet hoc interdictum* (D., 1, § 3, *de vi et de vi armata*). Le défendeur à l'interdit ne pouvait opposer comme exception le fait de violence qu'il aurait subi lui-même de la part du demandeur. Il est vrai qu'à l'origine, celui qui avait été dépossédé avait le droit de reconquérir violemment la possession sur son adversaire, pourvu qu'il n'employât pas la violence armée ; mais cette distinction de la *vis armata* et de la *vis quotidiana* ne tarda pas à disparaître. Cet interdit ne pouvait être intenté que dans l'année de la déjection ; toutefois cette prescription n'atteignait guère que les dommages-intérêts, car, tant que le spoliateur demeurait saisi de la chose, l'action était perpétuelle : il lui aurait fallu une prescription trentenaire pour être à même d'exciper contre l'*actio in factum ;* il ne s'appliquait d'ailleurs qu'aux immeubles. A l'égard des meubles enlevés par violence, entre les actions *furti et vi bonorum raptorum,* l'interdit *utrubi,* qui, avant la réforme de Justinien, assurait gain de cause à quiconque avait, dans l'année écoulée, possédé plus longtemps la chose mobilière, aurait permis de les recouvrer, pourvu qu'il fût demandé dans l'année ; car la possession du spolié était évidemment plus longue que celle de son adversaire, puisque cette dernière, à raison de son origine vicieuse, ne comptait pas (De Savigny, *de la Possession*, § 40). Il y avait trois autres interdits *recuperandæ possessionis*, que nous citerons seulement pour mémoire, à savoir : les interdits *de precario* et *de clandestina possessione*, dont nous avons déjà parlé, et enfin l'interdit *momentariæ possessionis* donné au possesseur dépouillé pendant son absence (L. 11, C., *unde vi*, et lois 5 et 6, *eod. tit.*)

# CHAPITRE II.

## DE LA POSSESSION RELATIVE AUX SERVITUDES.

### SECTION I.

#### DE LA *juris quasi possessio.*

Si l'exercice du droit de propriété constitue la véritable possession, ne peut-il exister d'autres droits dont l'exercice ait quelque analogie avec cette possession? Ainsi les démembrements de la propriété, qui en sont comme les parties intégrantes, ne pouvaient-ils pas se trouver avec celui qui en a la jouissance dans un rapport de même nature que la chose possédée à l'égard de son possesseur. Ce rapport, il est vrai, sera beaucoup moins étendu, puisque tout à l'heure il portait sur le *dominium* tout entier, et que maintenant il ne porte que sur une des parties dont il se compose; mais quelque restreint qu'il soit, ne soumet-il pas de la même manière la chose sur laquelle ce droit s'exerce à la volonté et à la dépendance de celui qui l'exerce.

Primitivement cependant, on méconnut ce rapport; l'interprétation étroite donnée de l'essence même de la possession, qui ne pouvait exister qu'à la condition que le possesseur eût prise sur la chose, *rei insistit, incubat,* vint pendant longtemps soustraire les droits incorporels au domaine de la possession : *possideri autem possunt quæ sunt corporalia* (D., 3, pr., *de acq. vel amitt. poss.*). Cependant les progrès de la législation

réagirent contre une théorie qui laissait sans protection des faits d'exercice assez caractérisés pour équi-
valoir presque à des droits légitimement établis, alors
que l'intérêt social, d'accord avec l'intérêt privé,
commandait d'assimiler la jouissance des *jura in re* à
la possession des choses corporelles. Cette analogie
ne pouvait manquer de triompher des scrupules de la
doctrine, d'autant plus facilement que ces mêmes
droits, qui *in jure consistunt*, se traduisent extérieurement par des actes aussi sensibles, aussi manifestes
que ceux qui font l'objet du droit de propriété : pourquoi se refuser alors à les rendre accessibles à la possession ? L'assimilation cependant ne fut pas complète :
les jurisconsultes romains n'osèrent point mettre sur
la même ligne la possession proprement dite et celle
qui s'appliquait aux droits réels ; ils reconnurent que
l'exercice et la jouissance de ces droits devaient être
considérés comme une sorte de possession, mais non
comme une possession véritable ; aussi la distinguèrent-
ils de cette dernière par la qualification spéciale de
*quasi possessio* ou *possessio juris*. Cette expression
toutefois ne concordait pas exactement avec celle de
*possessio corporis.* En effet, celle-ci désigne la relation existant entre le possesseur et la chose que l'on
possède, et non entre le possesseur et le droit de propriété ; par conséquent, pour qu'il y ait eu corrélation, il eût fallu désigner cette possession nouvelle par
une expression qui marquât et accusât nettement le
rapport qui existait entre le possesseur du droit et le
fait qui donne naissance à ce droit ; ou, si l'on s'en
tenait pour l'expression de *possessio juris*, celle de
*possessio proprietatis,* à la prendre dans l'acception

que nous lui donnons aujourd'hui, eût sans contredit mieux répondu à la *possessio juris*. Mais comme les jurisconsultes s'entendaient parfaitement sur le sens et la portée de cette dénomination particulière, ils ne s'inquiétèrent point de ce défaut de corrélation et de concordance. Sans insister davantage sur une critique qui est plus grammaticale que juridique, nous dirons qu'il y a lieu de distinguer, si l'on ne veut point se méprendre sur la nature de ce rapport, le droit en lui-même, le *jus in re*, de l'exercice qu'on en fait, et qu'il faut reconnaître, avec M. de Savigny, que l'exercice est au *jus in re* ce que la possession est à la propriété. Ainsi la *possessio juris*, dans son application aux servitudes, ne signifiera que l'exercice du droit de servitude, de même que la *possessio corporis* n'était en réalité que l'exercice du droit de propriété.

Il n'y a point incompatibilité entre ces deux sortes de possession : elles peuvent exister l'une et l'autre simultanément sur une seule et même chose. L'usufruitier, par exemple, n'a point la possession juridique de la propriété ; c'est le nu-propriétaire qui possède le fonds par l'intermédiaire de l'usufruitier, comme il le posséderait par l'intermédiaire d'un fermier ou d'un locataire ; c'est donc lui qui a la *possessio corporis*. L'usufruitier, de son côté, a la possession de l'usufruit de ce fonds, en tant que *jus in re*, et alors il est *possessor juris*. Il en est de même pour les servitudes réelles : le possesseur du fonds est assujetti à la *possessio corporis* ; tandis que celui qui exerce un droit de servitude sur ce fonds peut respectivement prétendre à la *possessio juris*, qui résulte de l'exercice de ce droit.

On a souvent considéré à tort comme des *juris*

*possessores* des personnes qui jouissaient cependant d'un véritable *jus possessionis :* c'est ainsi qu'on a prétendu que le créancier gagiste avait une *juris possessio* sur la *res pignerata.* Le débiteur, au contraire, abandonne la *possessio corporis* au profit du créancier, qui peut seul se prévaloir des interdits possessoires. Au surplus, il est permis de poser en principe que tout droit qui s'éteint par l'exercice qu'on en fait n'est pas susceptible d'une *juris possessio :* la possession réside effectivement dans l'exercice de la chose, lequel ne saurait être distinct du droit s'il n'est susceptible de se renouveler et de se répéter plusieurs fois. Or, l'exercice du droit de gage consistant dans la vente de l'objet engagé, la vente éteint le droit de gage.   .

Quant au précariste, nous savons également qu'il a non une *juris possessio*, mais une possession véritable, une *corporis possessio*, puisque le concédant était obligé de recourir à l'interdit *de precario* pour recouvrer la possession. Un précariste pouvait être, il est vrai, *juris possessor*, mais seulement quand il recevait à précaire une *juris possessio*, comme le droit d'exercer une servitude que le concédant possédait antérieurement sur le fonds d'autrui, ou qu'il consentait à constituer sur son propre fonds. Dans ce dernier cas, le précariste possède le *jus servitutis* en son nom, *proprio nomine*, et non pas *cum animo domini*, car s'il eût emprunté l'*animus* du concédant, la quasi-possession eût été impossible en vertu de ce principe : *nemini res sua servit;* et c'est là encore une preuve que le précariste n'a point, comme le pense M. de Savigny, une possession dérivée (D., 2, § 3, *de precario*).

Le superficiaire doit être regardé de préférence comme un *juris possessor*, bien que le droit si étendu et si absolu qu'il possède sur les constructions, indépendamment du sol sur lequel elles s'élèvent, puisse être assimilé à une sorte de possession corporelle distincte de celle du fonds. Cependant on considère généralement la superficie comme un véritable démembrement du droit de propriété. Les bâtiments, en effet, sont une partie du sol sur lequel ils reposent; leur propriété et leur possession sont inséparables de la propriété et de la possession de ce sol, et, s'il y a une séparation possible, elle ne peut consister qu'en une espèce de *jus in re* distinct du sol : *Ædes ex duobus rebus constant : ex solo et superficie* (L. 23, D., *de usurp.*). Le propriétaire conserve la *corporis possessio* sur le sol et les bâtiments en tant qu'ils font partie de ce sol, tandis que le superficiaire ne peut avoir que la *juris possessio* de la superficie. Ce qui nous confirme dans cette opinion, c'est que cette distinction se trouve implicitement dans la loi 3, § 7, *in fine* (*uti possidetis*), ainsi conçue : *Dominus autem soli, tam adversus alium quam adversus superficiarium potior erit interdicto [uti possidetis eas œdes] ; sed prœtor superficiarium tuebitur secundum legem locationis, et ita Pomponius quoque probat.* D'après ce texte, le propriétaire a la possession du fonds et lui seul a droit d'employer l'interdit *uti possidetis* même contre le superficiaire. Si ce dernier peut lui opposer de son côté l'interdit spécial *de superficiebus*, c'est pour se faire maintenir uniquement dans la possession de son droit de superficie, dont il jouit *secundum legem locationis*. C'est en effet un droit de jouissance que consacrent les termes mêmes de l'édit, et qui résulte de l'ensemble de la loi : *Uti aller ab altero fruemini...* (D., 1, *de superficiebus*); mais il n'est point de même nature que celui qui s'applique aux servitudes, et c'est à tort que M. de Savigny associe de tous points ce droit de superficie à ces *jura in re* (*De la Possession*, § 47) : c'est un droit réel qui se rattache plus entièrement à la chose inhérente au sol, à laquelle il semble s'incorporer, plus matériel en quelque sorte, puisqu'il est susceptible de défection, ce qui n'a pas lieu pour un *merum jus : « Nec quis de mero jure detruditur »* (D., 44, § 27, *de usurp.*).

L'emphytéote a un *jus in re* analogue; comme le superficiaire, il est en rapport direct et immédiat avec le fonds dont il a la possession utile ; aussi a-t-il un interdit possessoire véritable correspondant à son *utilis rei vindicatio.* Cet interdit, modifié probablement dans le sens de sa possession pour le distinguer de l'interdit direct du propriétaire, énoncera la nature et la qualité du fonds emphytéotique de la manière suivante : *Uti possidetis eum fundum vectigalem* ou *emphyteuticarium.*

Examinons maintenant de quels éléments se compose cette quasi-possession à l'égard des servitudes réelles seulement, car nous n'avons point à nous occuper des servitudes personnelles qui ne font pas l'objet de notre thèse. Nous nous proposons de ne donner ici que l'exposé des principes généraux, réservant les détails pour l'examen de chaque servitude en particulier.

Nous retrouvons dans la *juris possessio* les deux éléments constitutifs de toute possession, l'*animus* et le *corpus ;* mais ils n'offrent pas tout à fait les mêmes caractères, du moins en ce qui concerne le *corpus*. Le fait d'appréhension ne consiste plus dans une main-mise effective sur la chose, mais dans l'exercice, dans l'*usus* du droit que l'on veut posséder, et à cet *usus* doit se joindre le plus souvent la *patientia domini*, c'est-à-dire l'absence d'opposition de la part du propriétaire du fonds servant qui supporte l'exercice de ce droit.

La coexistence de ces deux éléments est nécessaire et indispensable pour constituer la quasi-possession des servitudes ; aussi est-il utile de constater leur évolution dans la transmission de cette *possessio juris*.

Il va de soi que le mode originaire de l'occupation est ici inapplicable, parce qu'il est impossible d'avoir une servitude sur un fonds, sans que ce fonds n'ait été l'objet d'une appropriation antérieure, et que par cette voie du reste on acquiert le *dominium* tout entier et non l'un de ses démembrements.

Quant à l'acquisition de la possession par transmission, les modes civils reconnus primitivement par le *jus civile* purent seuls constituer et transférer la possession en même temps que la propriété. La tradition fut tout d'abord impuissante à transmettre aucun droit incorporel : *Incorporales res traditionem non recipere manifestum est* (Gaïus, art. 2, § 28; Fragm. Vatic., 47). La possession transmise de cette manière n'avait aucun effet, et ne recevait de la loi ni soutien ni protection : *Si iter, actum, viam, aquæductum per tuum fundum emero, vacuæ possessionis traditio nulla est.* Mais quand la théorie de la *juris possessio* eut obtenu droit de cité, la tradition n'eut pas, il est vrai, le pouvoir de transférer le droit réel de servitude, mais elle permit à la quasi-possession de se constituer, et, si même elle était légitime, d'invoquer le bénéfice de l'action publicienne, notamment quand l'exercice de la servitude était accompagné de la *patientia domini* : « *Si de usufructu tradito agatur, publiciana datur. Itemque servitutibus urbanorum prædiorum per traditionem constitutis, vel per patientiam forte si per domum quis suam passus aquæductum transduci; item rusticorum, nam et hic traditionem et patientiam tuendam constat* » (D., 11, § 1, *de public. in rem act.*). Le fait d'exercer une servitude équivalut même à la quasi-tradition, comme nous l'apprend Javolenus : *Ego puto usum ejus juris pro traditione accipiendum esse;* et c'est ainsi que la possession transmise par la tradition ou acquise par l'*usus* devint aussi efficace, grâce à l'intervention favorable du préteur (*tuitione prætoris*), que celle qui était constituée civilement.

Quant au sol provincial, n'étant pas susceptible du domaine quiritaire, il ne le fut pas non plus de ses divers fractionnements : non-seulement la tradition, mais même aucun des modes civils, n'aurait pu conférer, établir légalement un droit de servitude. Le procédé usité pour s'assurer alors le bénéfice et la jouissance d'un *jus in re* consistait dans l'emploi des pactes et des stipulations (Gaïus, Com. 11, § 31). Sans doute aucun contrat n'avait pour effet de créer un droit réel : il ne pouvait en résulter que des obligations personnelles; mais lorsqu'il y avait eu tradition, il était d'usage de se garantir l'existence et le maintien de la possession par stipulation, ou par une clause pénale, ou par satisdation. Le *tradens* promettait de ne pas mettre obstacle à l'exercice de la servitude. Plus tard, le droit prétorien vint également fortifier cette possession en lui appliquant par extension le secours de l'action publicienne et des interdits utiles, et faciliter de cette manière l'établissement des servitudes, autant qu'il pouvait se réaliser, sur les fonds provinciaux : *Et in provinciali prædio constitui servitutes possunt si ea præcesserint quæ servitutes constituunt; tueri enim placita inter contrahentes debent* (Code 34, § 3, *de servit. et aqua*).

Soit que la servitude soit constituée *ex jure prætorio* par la quasi-tradition, ou par l'*usus* suivi de la *patientia domini*, soit qu'elle le soit par les modes ordinaires du droit civil, il importe de déterminer le point de départ de la prise de possession, car il n'est point toujours concomitant à l'acquisition du droit, du *jus in re*. Il est d'ailleurs utile de le connaître au point de vue de l'action publicienne, et surtout de la prescription dont il fixe le moment où elle commence à courir. Avant tout il faut distinguer si la servitude qui fait l'objet de la transmission existe déjà par elle-même, ou si elle est établie seulement par l'acte constitutif qui la transfère. Dans le premier cas, la possession est acquise simultanément avec le droit de servitude, sans qu'il y ait même exercice (*corpus*) par l'effet du consentement du propriétaire assujetti; car le *corpus* préexistait chez le *tradens*, et, par l'acte d'aliénation, il a consenti à en faire l'abandon au profit de l'*accipiens*; et le résultat est le même, que la servitude soit livrée séparément ou avec le fonds dont elle fait partie intégrante. Supposons au contraire que la servitude n'ait aucune existence antérieure, et

qu'elle ne la reçoive que du fait translatif du droit de
propriété : il est évident que la quasi-possession ne
commencera, dans cette hypothèse, qu'à dater du premier acte d'exercice que fera le propriétaire de la servitude ; en effet, la quasi-possession ne préexistait pas
au droit de servitude, puisqu'elle devait résulter de la
constitution même du *jus in re* : son existence n'a
donc pu précéder celle du droit lui-même ; elle ne
pouvait non plus se former en même temps que celui-
ci, puisqu'il n'y a point de *possessio juris* sans qu'il
y ait exercice (*usus*) et intention de jouir *jure servitutis*. Ainsi, lors même que la quasi-tradition de la servitude se liait à la tradition du fonds, soit par voie de
*deductio,* quand, propriétaire de deux héritages con-
tigus, on vend l'un en se réservant une servitude au
profit du fonds qu'on conserve, soit par voie de *trans-
latio,* quand vous grevez au contraire votre propre
fonds d'une servitude au profit du fonds que vous
venez d'aliéner, la translation de la possession du
fonds ne concorde point avec celle de la quasi-possession du droit de servitude. La *possessio corporis*
sera acquise par l'effet de la tradition *in præsentia
rei,* tandis que la *possessio juris* ne le sera que lorsque
le propriétaire du fonds en faveur duquel est établi
un droit de servitude aura commencé à faire des actes
d'exercice. Quant à l'établissement du droit en lui-
même, il sera le résultat de la quasi-tradition, pourvu
qu'elle ait été précédée de la clause constitutive de la
servitude : telle est l'hypothèse prévue par la loi 8,
*communia prædiorum.* Mais la décision du jurisconsulte Pomponius se réfère non à l'acquisition de la
possession, mais à celle du droit de servitude. Voici

la question qu'il se pose: *Si quum duas haberem insulas duobus eodem momento tradidero, videndum est an servitus alterutris imposita valeat : quia alienis quidem ædibus, nec imponi nec acquiri servitus potest; sed ante traditionem peractam, suis magis acquirit, vel imponit is qui tradit: ideoque valebit servitus* (voir aussi loi 33, pr., *de servit. prædiorum rusticorum*). Ainsi, dans cette espèce, la servitude est valablement constituée par le fait de la tradition; mais il ne faudrait pas étendre cette solution à l'acquisition de la quasi-possession.

Un long débat s'est élevé dans la doctrine sur le point de savoir si la convention pouvait à elle seule transférer un droit réel de servitude, sans qu'il soit besoin d'une quasi-tradition. Cette controverse concernant plutôt l'établissement du droit de servitude que la quasi-possession, nous ne pouvons l'exposer ici; cependant hâtons-nous de dire que, dans le cas où l'on reconnaît cet effet à la convention pure et simple, ce qui ne serait point notre avis, il faudrait nécessairement un commencement d'exécution pour fonder la quasi-possession du droit; de sorte qu'il pourra arriver que le concessionnaire de la servitude qui aurait été assez négligent pour ne point l'exercer, et en laisser au contraire la jouissance au *tradens*, serait privé du bénéfice des interdits quasi-possessoires, qui n'incombent qu'au *possessor juris*, et n'aurait d'autre ressource que d'intenter l'action confessoire pour faire reconnaître son droit.

Nous savons qu'outre le fait extérieur de la quasi-possession, il doit s'adjoindre au fait intentionnel la volonté d'exercer la servitude à titre de maître. L'ani-

*mus* ne diffère pas ici, avons-nous dit, de celui qui est exigé pour la possession proprement dite : il se présente en effet dans les mêmes conditions et avec les mêmes caractères. Quant à la bonne foi, elle n'est pas non plus nécessaire, ou du moins il n'y a d'exception que pour la quasi-possession de la servitude de conduite d'eau, le *jus aquæ quotidianæ vel æstivæ ducendæ*, qui doit avoir été exercée avec la conviction de l'existence du droit (D., L. 1, §§ 10 et 19, *de aqua quot. vel æst.*).

Il faut que l'intention de jouir de la servitude *proprio nomine* soit précise et formelle (*tanquam id suo jure faceret*); il ne suffirait pas de vouloir profiter de la bienveillance de son voisin, et n'entendre exercer la servitude que tant qu'il ne fera point d'opposition, bien décidé que l'on est de s'abstenir désormais de tout acte de jouissance dès qu'on en recevra l'ordre : *sed si prohiberetur, non facturus*. De même, l'*animus* ne serait pas suffisamment caractérisé si l'on exerçait un droit de servitude sur le fonds de son voisin par hasard, accidentellement, et non *jure servitutis;* cet exercice fortuit ne saurait tirer à conséquence: *non quasi precario usum, sed quasi nec usum*, car il y a nécessité de prétendre à la jouissance du fonds : *Jus fundi possedisse oportet* (D., L. 7, *de itinere actuque privato*, et L. 1, § 6, *eod. tit.*).

La conservation de cette quasi-possession dépend en principe, comme celle de la possession proprement dite, de la possibilité constante de reproduire les actes d'exercice. Il importe peu qu'ils aient été effectués par le propriétaire du fonds dominant ou par une autre personne qui exercerait la servitude en son nom,

comme un associé, un mandataire. Toutefois ces représentants doivent en user régulièrement et non d'une
manière vicieuse ; cependant ils seraient censés en
user régulièrement s'ils possédaient *nec vi, nec clam,
nec precario*, quand bien même ils ignoreraient que
leurs actes d'exercice avaient pour effet de conserver
la quasi-possession : *etiamsi ignoravit (hospes aut quis
alius) cujus fundus esset, per quem iret, retinere eum
servitutem* (D., L. 1, § 7, *de itin. actuque priv.*). De
même, la quasi-possession serait conservée par l'entremise d'un possesseur de bonne ou de mauvaise foi
qui aurait exercé la servitude *nomine fundi*, comme si
elle était due au fonds dont il était en possession :
*Fundus enim qualiter se habens, quum in suo habitu
possessus est, jus non deperit : neque refert, juste necne
possideat, qui talem eum possidet* (D., L. 12, que-
madmod. servit. amit.).

Dès qu'il n'est plus possible d'exercer la servitude,
il y a perte de la possession, à moins que cette impossibilité ne provienne d'un cas de force majeure, et alors
le préteur accorde le plus souvent la restitution *in integrum* (D., L. 1, § 9, *de itin. act. priv.*; Code, 31, § 1,
et 32, *de servit. præd. rustic.*). L'absence d'actes
d'exercice, le non-usage entraînera également la perte
de cette possession. Si ce défaut d'exercice a pour
cause l'abandon de la servitude, la renonciation à la
faculté de s'en servir, la *juris possessio* sera définitivement perdue ; tandis que s'il résulte du fait d'un tiers
qui y met obstacle, elle sera censée continuer, malgré
cette interruption forcée.

Quand le non-usage ne peut s'imputer qu'à la négligence du possesseur, il est difficile de déterminer le

moment précis où la possession est perdue. Le droit de servitude s'éteint *biennio* par un non-usage prolongé pendant deux ans; la possession se perd-elle en même temps que le droit? La possession, ordinairement, se conserve à la condition de la reproduction continue des actes qui la constituent; mais, en matière de servitudes, de celles notamment qui exigent le fait de l'homme, comme les servitudes rurales, il est impossible que les actes d'exercice soient continus et permanents: *Nemo enim tam perpetuo, tam continenter ire potest, ut nullo momento possessio ejus interpellari videatur.* Il suffit donc qu'ils soient répétés assez fréquemment, et à des intervalles assez rapprochés, pour qu'il n'y ait pas de doute sur l'intention que peut avoir le propriétaire du fonds dominant de se servir de la servitude. Il est permis cependant de supposer que la cessation de la possession à l'égard des servitudes qui s'éteignent par le non-usage ne devrait se prolonger au delà d'une année, puisque c'est dans ce délai que les interdits quasi-possessoires peuvent l'intenter. Ainsi la quasi-possession des servitudes de passage, de conduite ou de prise d'eau se conservera pendant la durée de l'année dans laquelle se sont accomplis les premiers actes de possession, bien qu'ils n'aient pas été répétés pendant tout le reste du temps: telle est du moins la conséquence qui semble résulter des termes de ces interdits : *Uti hoc anno usus est.*

Mais faut-il décider avec M. de Savigny (*Traité de la possession*, § 45) que, dans le cas d'extinction de la servitude par le non-usage, la possession reste en suspens tant qu'il n'y a pas reprise de l'usage ou expiration du temps requis pour la prescription extinctive,

et que si celle-ci s'accomplit, la possession est présumée avoir cessé d'exister dès l'instant où la prescription a commencé à courir ? « La possession, dit-il,
doit avoir été perdue pendant tout le temps intermédiaire, quand même la faculté de disposer aurait toujours pu se reproduire. » Comment peut-il se faire,
nous le demandons à M. de Savigny, que la continuation ou la perte de la possession dépende non de
l'existence ou de l'absence de faits de jouissance, mais
de l'expiration d'un délai ? Eh quoi ! si la prescription
extinctive peut s'opérer, n'est-ce pas pour cette raison
même qu'il n'y a eu aucun acte de possession, mais au
contraire défaut total d'exercice ? autrement, comment
concevoir la possibilité d'une prescription extinctive
par le non-usage ? Ce qui est en suspens, ce n'est pas
la possession, mais le droit, le *jus in re*, qui est menacé de s'éteindre s'il n'y a pas renouvellement de
l'usage, et au sujet duquel on ne saurait dire, pendant
le cours de la prescription, s'il s'éteindra ou non. De
même qu'il ne peut y avoir prescription acquisitive
sans qu'il y ait des faits de possession certains et continus, de même la condition indispensable pour l'accomplissement de la prescription extinctive, c'est que
la possession ait fait entièrement défaut dès le point de
départ de cette prescription. Le *jus possessionis* est,
nous l'avons vu, une *causa facti*, c'est-à-dire qu'il ne
subsiste qu'autant qu'il ne subit aucune cessation des
faits qui le constituent ; il ne comporte donc pas le
doute sur son existence. Dans le système de M. de Savigny, il faudrait aller jusqu'à admettre qu'il suffirait
d'avoir posé un seul acte d'exercice à l'origine et au
début de la possession, et de reprendre ensuite l'usage

de la servitude un instant seulement avant l'extinction du droit pour qu'il y ait eu continuation de la *possessio juris*. Or ne serait-ce point méconnaître sa nature que de la croire susceptible de semblables temps d'arrêt, alors que la servitude à laquelle elle s'applique est de celle qui s'éteint dans un délai relativement très-court ?

Le non-usage est impuissant par lui-même à produire l'extinction des servitudes urbaines, parce qu'elles s'exercent *sponte sua*, indépendamment du fait de l'homme. Nous étudierons plus tard, quand nous traiterons de la possession des servitudes *quæ in habendo consistunt*, à quelles conditions le propriétaire servant usucape la liberté de son fonds; car il ne peut se dire en possession de liberté par cela seul que le propriétaire dominant n'use point de son droit de servitude. L'existence des ouvrages au moyen desquels ce droit peut s'exercer proteste sans cesse, tant que l'exercice est possible, contre toute possession contraire. Mais quand il s'agit de servitudes qui s'éteignent par le non-usage, lorsqu'il est nécessaire que le propriétaire dominant fasse lui-même des actes d'exercice pour être en possession de son droit de servitude, cet usage seul fait obstacle à la liberté du fonds assujetti; aussi, que le maître de la servitude s'abstienne de l'exercer, et aussitôt sa quasi-possession sera comme interrompue, *possessio interpellari videtur;* en sorte que la *possessio libertatis* commencera à exister utilement au profit du propriétaire servant ; et s'il ne se produit aucun fait d'exercice, aucune *usurpatio libertatis* qui vienne interrompre cette possession de liberté, il en résultera l'affranchissement définitif du fonds assujetti, à l'expiration du temps requis pour l'extinction des servitudes par le non-usage. Il est donc permis de considérer dans ce cas le propriétaire servant comme possédant constamment la liberté de son fonds, et d'assimiler l'extinction de la servitude par le non-usage à une sorte d'*usucapio libertatis*.

L'exercice irrégulier et contraire au titre constitutif entraîne la perte de la servitude, comme le défaut absolu d'usage. La possession se perd même avant le droit ; car celui-ci ne s'éteint qu'après deux années de non-usage, tandis qu'on n'est plus généralement reçu à invoquer une possession qui ne se fonde sur aucun fait de jouissance effectué dans l'année. Supposons, par exemple, qu'on fasse autre chose que ce que le droit de servitude permettait de faire : non-seulement il y a perte de la possession et du *jus in re*, mais il n'y a pas, en retour, acquisition d'un droit nouveau, parce qu'il est impossible de prescrire contre son titre : *Melius est non habere titulum quam habere vitiosum*. A-t-on néanmoins le droit de se prévaloir de la possession du nouveau mode d'exercice et de recourir, en cas de trouble, à l'emploi des interdits quasi-possessoires si le possesseur prétend avoir usé de ce mode *nec vi, nec clam, nec precario*? Il faut distinguer s'il n'est qu'un accessoire de la servitude, s'il ne peut avoir une constitution indépendante de la servitude, car la possession ne serait alors d'aucune utilité, elle ne s'appliquerait point efficacement à un mode d'exercice qui n'aurait point une individualité distincte de celle du droit principal. Mais s'il constitue une servitude nouvelle qui puisse s'exercer indépendamment de la pre-

mière, nous n'hésitons pas à penser qu'il sera susceptible d'une quasi-possession utile à l'effet de permettre
au possesseur de faire usage, s'il y a lieu, des interdits
quasi-possessoires. Toutefois il n'appartiendrait pas à
cette possession de fonder par la prescription l'établissement de cette nouvelle servitude ; car non-seulement
la prescription ne peut modifier le mode d'exercice de
la servitude, c'est-à-dire ni l'augmenter ni le restreindre
dans sa constitution primitive, mais elle ne saurait
établir aucun droit s'il n'y a juste titre et bonne foi.
M. Molitor est d'un avis différent : il soutient que, dans
ce cas, la servitude sera acquise par la prescription de
dix et vingt ans ; il est vrai qu'il n'admet point la nécessité du juste titre pour fonder la prescription acquisitive. Mais la bonne foi, qui est aussi une condition indispensable, se rencontre-t-elle toujours dans l'exercice
d'une servitude qu'on sait n'être pas celle qui avait été
constituée originairement ? Notons que cette même
condition de bonne foi, qui est exigée pour la servitude
de conduite d'eau, empêcherait de posséder utilement
un mode d'exercice autre que celui qui avait été établi
par le titre constitutif.

Lorsqu'au lieu de faire autre chose que ce que comportait le droit de servitude, on se conforme à la teneur
du titre, sans se renfermer toutefois dans les limites as-
signées à l'étendue de ce droit, il n'est pas moins conservé, bien qu'on les ait outrepassées : *Magis enim hic
plus quam aliud egisse videtur* (D., L. 0, § 1, *servitus
vindicetur* ; L. 11, *quemad. servit. amitt.*). Quant à la
possession qui excède le mode de jouissance déterminé
par le titre, si elle satisfait d'ailleurs aux conditions
requises pour donner ouverture aux interdits quasi-

possessoires, elle pourra être invoquée utilement par le possesseur de la servitude.

Si l'exercice n'avait porté que sur une partie du droit, cette possession incomplète suffirait pour le soustraire aux effets de la prescription extinctive (*manet jus integrum*). Mais si le propriétaire de la servitude était troublé dans l'exercice de cette quasi-possession, il n'aurait pas le droit de se prévaloir d'une possession autre que celle dont il a joui, et il serait obligé de restreindre la formule de son interdit suivant le mode et l'étendue de sa jouissance, sauf à avoir recours à l'action confessoire pour se faire maintenir dans l'intégralité de son droit de servitude. Cependant il pourra arriver que la nature de la servitude soit telle, que la possession d'une partie équivaudra à la possession tout entière. Nous en avons la preuve dans la solution que donne la loi 6, au Digeste, *quemadmodum servitutes amittuntur:* un immeuble grevé de la servitude de passage a été l'objet d'un partage; on l'a divisé en plusieurs lots *secundum latitudinem viæ*, c'est-à-dire de telle sorte que les parts longent le chemin parallèlement. Celui-ci, situé à l'extrême limite de chaque héritage, comprend dans sa largeur un terrain commun. Si le partage n'est exercé que sur un des côtés du chemin, la servitude n'en subsistera pas moins sur tout le parcours de ce chemin, parce que l'exercice est indivisible. Mais si, au contraire, le fonds asservi a été partagé *secundum longitudinem viæ*, c'est-à-dire de manière à ce que la ligne séparative des diverses parties du champ, au lieu d'être parallèle au chemin, y soit perpendiculaire, et si le partage n'a été exercé que sur cette part, elle seule aura désormais le bénéfice de la servitude, tandis que l'autre partie du chemin, sur laquelle aucun fait de possession n'a été posé, sera libérée par l'effet du non-usage.

Lorsqu'une servitude se trouve contenue dans une autre, il est évident que l'exercice de la plus importante sauvegardera le droit et la possession de la moins étendue ; mais la réciproque ne serait vraie qu'autant que la seconde serait un des modes d'exercice de la première, ou qu'il résulterait de l'ensemble de chacune d'elles que l'option pour l'exercice de l'une ou l'autre implique l'exercice du droit tout entier.

Outre l'impossibilité matérielle d'exercer des faits de possession, la loi reconnaît une impossibilité morale, en faveur de laquelle elle lève les effets de la prescription extinctive. Ainsi la servitude ne serait pas éteinte, bien qu'elle n'ait pas été exercée, si celui à qui elle est due est incapable de faire valoir ses droits, par exemple lorsqu'il est en démence ou en minorité. Cette immunité couvrira même les droits d'un tiers qui, sans être dans ces conditions exceptionnelles, se trouverait en communauté de biens avec le mineur ou l'homme en démence. En conséquence, la servitude qui existerait sur un fonds commun, malgré l'absence complète d'exercice, serait néanmoins conservée en vertu du principe que le mineur relève le majeur (D., L. 10, pr., *quemad. serv. amitt.*). Il en serait de même dans le cas de copropriété, si l'un des copropriétaires avait seul usé du droit de servitude.

Après avoir parlé du rôle de la quasi-possession dans la prescription extinctive, il ne nous reste plus qu'à l'examiner dans la prescription acquisitive.

Les servitudes n'ayant pas été considérées, à l'origine, comme susceptibles de possession, il semblerait que l'usucapion ne dût point s'y appliquer. Cependant un texte de Paul nous apprend qu'une loi Scribonia supprima l'usucapion relative aux servitudes : *Eam usucapionem sustulit lex Scribonia, quæ servitutem constituebat* (D., L. 4, § 20, *de usurp.*). Ce serait se perdre dans de vaines conjectures que de chercher à déterminer l'époque où s'introduisit dans la législation romaine cette sorte d'usucapion ; une grande obscurité règne autour de cette institution. Toutefois on peut présumer qu'elle reçut une application plus constante et un développement plus large dès que l'interprétation des *jurisprudentes* eut conduit à la théorie de la *quasi-possessio.*

Cette usucapion embrassait-elle à la fois les servitudes urbaines et les servitudes rurales ? Nous retrouvons sur cette question les mêmes incertitudes. M. Molitor pense que les servitudes urbaines, à cause de leur caractère de continuité, pouvaient seules être usucapées, tandis que les servitudes rurales, pour un motif contraire, n'étaient accessibles qu'à la prescription *longissimi temporis.* La loi Scribonia, d'après ce savant professeur, aurait eu pour but de supprimer l'usucapion de deux ans (*biennio*), qui faisait acquérir les servitudes urbaines. Mais où sont les preuves historiques qui attestent que ces derniers étaient seuls l'objet de l'usucapion ? c'est là une de ces suppositions ingénieuses contre lesquelles il est bon de se mettre en garde, parce qu'elles tendent à s'affirmer comme des vérités indiscutables. D'ailleurs, si l'on en croit Cicéron, cette opinion ne serait rien moins que fondée. En effet, dans un passage de son discours pour Cæcina, il dit expressément, à l'occasion des servitudes d'aqueduc, de puisage et de passage, que la jurisprudence leur avait appliqué l'usucapion : *Sed rata auctoritas harum rerum omnium a jure civili sumitur.* Le mot *auctoritas* désigne ici l'usage à fin d'acquérir, et c'est en ce sens qu'il faut entendre ces mêmes expressions de la loi des Douze-Tables : *Adversus hostem æterna auctoritas esto* (1).

Quoi qu'il en soit, il fut un temps où aucune servitude ne put être usucapée, car, à partir de la loi Scribonia, tous les textes s'accordent à dire que les servitudes, soit rurales, soit urbaines, n'étaient point acquises par usucapion : *Servitutes usu non capiuntur.* Elles ne pouvaient être usucapées qu'avec la propriété de l'immeuble dont elles faisaient partie : *Hoc jure utimur, ut servitutes per se nusquam longo tempore capi possint; cum ædificiis possint* (D., L. 10, § 1, *de usurp. et usucap.*). C'est alors que la jurisprudence prétorienne, qui s'était toujours donné pour mission de suppléer aux lacunes et à l'insuffisance du droit civil, substitua à l'antique forme de l'usucapion la prescription de long temps, la *longi temporis præscriptio.* Celle-ci avait sur la précédente cet avantage important, qu'elle livrait moins le propriétaire négligent aux surprises d'une occupation étrangère, de l'usurpation d'un tiers dont il subissait souvent les effets, avant même d'avoir pu la connaître. Cet incon-

---

(1) Dans d'autres endroits, Cicéron emploie en ce sens le mot *auctoritas : Lex usum et auctoritatem fundi jubet esse biennium; at utimur eodem jure in ædibus, quæ in lege non appellantur...,* et ce texte emprunté à ses Topiques : *Quoniam usus auctoritas fundi biennium est, sit etiam ædium...*

véniont, qui résulte d'une prescription trop courte, M. Demolombe le signale particulièrement en matière de servitudes, et les raisons qu'il en donne trouvent ici leur place : « La prescription acquisitive, dit-il, présentait un double danger, soit parce qu'elle pouvait facilement s'acquérir à l'insu du propriétaire par la négligence ou la collusion d'un fermier ; soit parce qu'elle offre le plus souvent un caractère équivoque, et qu'elle peut n'être, de la part du propriétaire lui-même, que le résultat de la tolérance, de la familiarité et des rapports du bon voisinage, ou même seulement de son inattention. »

Peut-être existait-il cependant une exception relativement aux servitudes d'aqueduc et de puisage, car un texte de Paul semble admettre que le propriétaire qui les a perdues par le non-usage a la possibilité de les recouvrer par usucapion : *Servitus haurlendæ aquæ vel ducendæ biennio omissa intercidit, et biennio usurpata recipitur* (Sentences, 1, XVII, § 2). Il n'est guère probable que ce texte se réfère au temps où l'usucapion faisait acquérir les servitudes *biennio;* il faut plutôt voir dans cette particularité une faveur toute spéciale accordée à titre de dédommagement à celui qui avait perdu les servitudes par le non-usage. On comprend aisément que la loi se soit montrée plus facile à concéder les moyens de reconquérir un droit dont on jouissait antérieurement qu'à autoriser l'acquisition d'un droit nouveau. D'ailleurs la servitude d'aqueduc, en dehors de cette circonstance exceptionnelle, s'acquérait, comme les autres droits réels, par le long usage, *longa possessione*, comme le prouve la loi 10, au Digeste (*si quemad. serv. vind.*): *Si quis*

*diuturno usu et longa quasi possessione, jus aquæ
ducendæ nanctus sit, non est ei necesse docere de jure
quo aqua constituta est, veluti ex legato, vel alio
modo; sed utilem habet actionem, ut ostendat per
annos forte tot usum se nec vi, nec clam, nec precario possedisse.*

Cette prescription de long temps n'était pas d'ailleurs une innovation dans la législation romaine ; elle
doit être regardée plutôt comme d'importation prétorienne, car elle était déjà appliquée depuis quelque
temps aux fonds provinciaux. C'est là que les préteurs commencèrent à pourvoir la possession, dont
ces fonds étaient susceptibles, d'interdits et d'actions
utiles qui l'élevèrent presque à l'égal du droit de propriété. Les avantages de cette possession en néces-
sitèrent ensuite l'application au sol italique.

On a prétendu que cette prescription ne concernait que les servitudes urbaines, et qu'à l'exception
des servitudes d'aqueduc et de passage elle ne s'étendait pas aux servitudes rurales. Cependant la loi 12
(au Code, *in fine*), *de præscriptione longi temporis*,
semble dire au contraire, d'après la généralité de ses
termes, qu'elle était applicable indistinctement à toutes
servitudes : *cæteræ servitutes.*

Il y avait certains biens qui échappaient à cette
proscription : c'étaient ceux du fisc, des impubères et
les fonds dotaux. Quant aux biens des mineurs, s'ils
n'étaient tous imprescriptibles, l'étaient du moins
sans contredit les *prædia rustica aut suburbana*, qui
ne pouvaient être aliénés sans un décret du magistrat
(D., L. 10, *quemad. servit. amitt.*). Ainsi le long usage
n'était point de nature à faire acquérir un droit de

servitude sur ces immeubles, et aucune action confessoire utile eût été accordée à celui qui prétendait posséder un droit semblable *diuturno usu et longa quasi possessione*. Toutefois la possession, qui eût été impuissante à créer un droit réel sur ces biens, n'était point, à notre avis, destituée de tout effet et de toute protection, quand elle était de bonne foi et qu'elle était exempte des vices de violence, de clandestinité ou de précarité ; en sorte que le possesseur de bonne foi qui aurait joui pendant l'année du *jus in re, nec vi, nec clam, nec precario*, aurait non-seulement droit aux fruits, mais il pourrait se faire maintenir en possession au moyen des interdits quasi-possessoires, sauf, il est vrai, à succomber ultérieurement dans l'instance sur l'action confessoire que sont fondés à intenter contre lui les propriétaires des biens imprescriptibles. Ainsi une chose peut être affectée de certains vices qui la rendent impropre à l'usucapion, sans que cette possession qui n'est pas *in causa usucapiendi* soit privée du bénéfice des interdits possessoires.

Il y a lieu de supposer que les délais requis pour l'accomplissement de cette prescription *longi temporis* furent les mêmes en matière de servitudes qu'en matière immobilière. Une constitution d'Antonin (C., L. 2, *de servitutibus*) confirme du moins cette opinion, puisqu'elle met sur la même ligne, sous le rapport de l'acquisition par le long usage, les servitudes et les choses immobilières : *quæsita est tempore exemplo rerum immobilium*. Cependant il est probable qu'à l'origine le temps de la possession ne fut pas fixé, et que la durée était soumise à l'appréciation des ma-

gistrats , qui la déterminaient selon les circonstances,
la nature et la qualité des servitudes ; en effet, la
loi 10 précitée, D., *si serv. vind.*, nous présente cette
possession comme d'une durée indéterminée, *per
annos forte tot usum.* Quoi qu'il en soit , il est certain que, sous Justinien, cette prescription fut fixée
à dix ans entre présents, et à vingt ans entre absents
(Cod., L. 12, *de servit.*). Pour compléter le temps de
la possession, il était incontestable qu'on était autorisé
à joindre à la possession celle de son auteur, pourvu
qu'elle ne fût pas entachée de ces vices qui formaient
accès à toute prescription.

La quasi-possession, pour conduire à la prescription, ne devait subir dans son cours aucune interruption. Mais il s'agit de savoir quels actes étaient interruptifs de la possession. Celui qui, par exemple, était en
voie de prescrire une servitude urbaine n'était-il
interrompu que par le *contrarium actum*, qui faisait
obstacle à l'exercice de sa servitude, ou par la suppression des ouvrages au moyen desquels elle s'exerçait? une simple défense extrajudiciaire aurait-elle
eu ce pouvoir d'arrêter le cours de la prescription?
Nous pensons, avec M. Muhlenbrucht, que l'interruption ne résultait, dans ce cas, que de l'impossibilité
matérielle où se trouvait le possesseur de se servir
désormais de son droit de servitude. Sans doute la
possession qui se poursuit malgré la prohibition qui
émane du propriétaire dominant est une possession
vicieuse à l'égard de celui-ci, qui aura le droit de
repousser l'action possessoire au moyen de l'exception de la violence; car nous avons vu que la
simple défense faite par gestes, par paroles, ou même

par le jet d'une pierre, suffisait pour vicier la possession, qui met en mouvement les interdits possessoires.
Est-ce à dire, néanmoins, qu'elle sera censée violente
relativement à la prescription? nous ne le croyons
pas, parce que la violence qui s'oppose à l'accomplissement de la prescription, qui ne permet point que la
chose soit *in causa usucapiendi*, doit être tout autrement caractérisée, et que la loi a principalement en
vue celle qui tend à l'usurpation ou à la dépossession.
D'ailleurs il semble bien résulter des lois 6 et 20 au
Dig., *de præd. urban.*, qu'il est utile et nécessaire
qu'il y ait un acte contraire qui empêche l'exercice de
la servitude. Toutefois, si cette défense était faite au
début de la possession, elle la rendrait vicieuse, même
à l'effet d'acquérir la prescription, parce qu'on pourrait la considérer alors comme exclusive de la bonne
foi ; mais lorsqu'elle se produit dans le cours de la
possession, elle ne saurait, même à ce point de vue,
avoir quelque influence sur l'effet de la prescription,
puisque la condition de bonne ou de mauvaise foi n'a
d'influence qu'à l'origine de la possession, *ab initio
possidentis*. Nous déciderons de même, pour les servitudes rurales, que la simple prohibition est insuffisante pour interrompre la prescription (D., L. 4, § 27,
*de usurp.*), bien qu'elle rende non recevables les interdits quasi-possessoires, parce qu'il n'existe pas en
droit romain, comme en droit français, une corrélation complète et identique entre les qualités de la
possession *ad usucapionem* et celles de la possession
*ad interdicta*. Cependant, si le possesseur venait à
reconnaître le droit de son adversaire, sa possession
ne serait utile ni à l'effet d'intenter les interdits quasi-

possessoires, ni à l'effet d'acquérir la proscription, parce qu'elle manquerait de l'élément indispensable à toute possession juridique, de l'*animus rem sibi habendi vel tenendi*.

Quant à la bonne foi, nous venons de le dire, elle doit se trouver au fond de toute possession qui est *in causa usucapiendi*. La prescription de dix et vingt ans est, en effet, une sorte d'usucapion qui repose sur la même base que cette institution dont elle a pris la place (1). On s'accorde moins à reconnaître la nécessité du juste titre, bien que nous serions tenté d'assimiler cette prescription à l'usucapion, dont elle ne se distinguerait que sous le rapport de la durée. Nous ne saurions contester la valeur et les avantages du système contraire, surtout en présence du texte de la loi 10, au Dig., *si servit. vindic*, que nous avons citée récemment, et qui semble faire bon marché du titre en lui-même : *Non est et necesse docere de jure quo aqua constituta est*. Toutefois il est possible de donner une autre explication et de prétendre que cette loi vise l'hypothèse de cette possession *cujus origo memoriam excessit*, et pour laquelle il n'y a pas lieu effectivement d'exiger le juste titre et même la bonne foi ; cette prescription *longissimi temporis* est suffisante pour constituer civilement le droit qu'un si long usage a consacré : *juris constituti loco habetur*.

(1) La bonne foi est aussi utile, comme nous l'avons déjà fait observer, pour la quasi-possession du *jus aquæ ducendæ*. Quelques auteurs, et entre autres Rœvardus, ont cru la trouver contenue dans la possession qui n'est entachée d'aucun vice, dans la jouissance de celui qui possède *nec vi, nec clam, nec precario*. Cette opinion est trop absolue, puisqu'au sujet de cette servitude, la loi 1, § 10, *de aqua quotidiana* l'exige en outre de ces trois caractères, et qu'il peut se faire qu'ils se rencontrent quelquefois indépendamment de la bonne foi.

Au surplus, en admettant qu'il ne soit question que
de la *possessio longi temporis*, on peut encore induire de ce texte que la loi ne dispense point de
l'existence du titre, que même elle le présuppose et
en fait le fondement et la condition de toute action
civile ; mais, quant à l'obtention de l'action utile, elle
se contente d'exiger la preuve de cette longue possession, sans s'enquérir, dans ce cas, s'il y a titre ou non,
et de quelle manière le droit de servitude a été acquis.

Il n'est pas besoin que le maître du fonds servant
sache que vous exerciez la servitude. Aucun texte ne
fait dépendre l'accomplissement de la prescription de
la connaissance qu'a pu avoir le propriétaire servant
de la quasi-possession du propriétaire dominant. Si le
rescrit d'Antonin (L. 2, 0, *de servitutibus*) parle de
la *scientia domini,* s'il pose en fait que le propriétaire
servant connaissait l'exercice de la servitude, *co sciente,*
c'est pour indiquer que la possession n'était point clandestine.

## SECTION II.

### DE LA QUASI-POSSESSION DES SERVITUDES POSITIVES.

Le droit romain distinguait deux classes de servitudes prédiales : les servitudes urbaines, *jura prædiorum urbanorum,* et les servitudes rurales, *jura prædiorum rusticorum.* Nous aurions pu nous conformer
à cette division et étudier la quasi-possession relative
à chaque servitude urbaine ou rurale; nous avons pré-
féré cependant adopter une autre classification, qui
avait une importance toute spéciale au point de vue de

l'acquisition de la possession, et qui, du reste, embrassait de la même manière la généralité des servitudes ; en conséquence, nous les avons divisées en servitudes positives et en servitudes négatives. En effet, cette division se rapporte à la possession, en ce sens que ses conditions d'application se modifient selon que les servitudes sont positives ou négatives ; et, de plus, elle est générale, puisque toute servitude peut se ramener à un fait positif ou négatif. C'est ainsi que les *jura in re*, envisagés sous le rapport de l'avantage qu'ils procurent, consistent soit à faire quelque acte d'exercice sur le fonds d'autrui, *in faciendo*, comme par exemple de passer sur l'héritage du voisin, soit à établir un ouvrage ou avancer un œuvre quelconque sur le fonds d'un autre, *in habendo :* comme le droit d'avoir un balcon, une gouttière, etc.; soit à empêcher quelqu'un de faire une chose qui, sans cela, ne lui serait pas interdite, *in prohibendo :* par exemple de bâtir ou de planter sur son fonds. Dans les deux premiers cas, quand la servitude consiste *in faciendo* ou *in habendo*, elle est dite positive, et, dans le troisième cas, celui de la servitude *in prohibendo*, elle est dite négative.

## § I. — *Des servitudes positives qui consistent* in faciendo.

Le fait matériel (*corpus*) qui constitue la quasi-possession des servitudes de cette classe est un acte personnel et indépendant en soi, qui ne se rattache pas d'une manière immédiate à la possession du fonds servant; il présente en outre un caractère de discontinuité qui distingue principalement ces servitudes de celles qui forment la seconde classe : *Tales ideo sunt servitutes, ut non habeant certam continuamque possessionem* (D., L. 14, *de servitut.*). Comme il est impossible que le rapport qui doit exister entre le possesseur et le fonds assujetti soit ici continu et permanent, il importe que l'acte qui le constate extérieurement ait été effectué au moins une fois ; mais il arrivera rarement qu'un seul acte suffise pour constituer et caractériser la quasi-possession. Il appartiendra au juge d'apprécier, suivant les circonstances, si tels et tels faits de jouissance ont les caractères d'une véritable possession.

La prise de possession peut être vicieuse et l'exercice irrégulier, sans que la *juris possessio* cesse d'exister. Ainsi il est possible que celle-ci soit le résultat de l'usurpation violente, mais la quasi-possession n'en sera pas moins acquise, car il est indifférent, au point de vue de son existence, que le fait qui lui donne naissance ait été accompli *vi, vel clam, vel precario.* Sans doute, la possession sera entachée d'un vice qui rendra non recevables les interdits quasi-possessoires, et qui fera obstacle à l'exercice de l'action publicienne ; mais elle n'en existera pas moins à la suite de cette appréhension défectueuse; autrement, quelle raison y aurait-il de lui opposer les exceptions de violence, de clandestinité ou de précarité, qui n'auraient évidemment aucun sens s'il n'y avait aucune possession ? (De Savigny, *Traité de la possession,* § 40.)

Quant à l'élément moral, à l'*animus*, il consiste ici dans l'intention d'exercer la servitude à titre de droit : *Servitute usus non videtur, nisi is qui suo jure uti se credidit ; ideoque si quis pro via publica vel pro alle-*

*rius servilute usus sit, nec interdictum, nec actio uti-
liter competit* (D., L. 25, *quemad. servit. amitt.*).

La conservation de la quasi-possession des servitudes de notre classe résulte de la possibilité de
reproduire les faits de jouissance dont elles sont susceptibles. Il n'est pas nécessaire que ces faits, comme
nous l'avons déjà remarqué, émanent du propriétaire
dominant : ils peuvent s'effectuer par un représentant
quelconque, pourvu qu'il exerce la servitude en son
nom *jure servitutis*, ou même par l'entremise d'un
possesseur de mauvaise foi qui exercerait *nomine fundi*.
(D., LL. 6 et 20, *quemad. servit. amitt.*).

De même, la possession sera perdue *corpore* quand
il sera impossible de poser aucun acte d'exercice; et
*animo*, quand le quasi-possesseur renoncera à la
jouissance de la servitude. L'inaction de ce dernier
ferait présumer cette renonciation, et entraîner par
conséquent la perte de la quasi-possession ; il serait
difficile de déterminer rigoureusement à partir de quel
moment l'inaction du possesseur impliquera l'abandon de l'usage de la servitude. Toutefois, comme les
interdits quasi-possessoires ne sont recevables que
dans l'année où il a été fait des actes de jouissance, il
en résulte que l'abstention prolongée pendant plus d'un
an aurait pour effet d'enlever à la possession un de ses
avantages les plus précieux, celui d'être protégée par
des interdits spéciaux, si même elle ne produisait pas en
réalité son extinction. Cependant cette présomption de
renonciation ne serait pas fondée si la nature de la
servitude ne comportait qu'un exercice intermittent
ou susceptible de ne se renouveler qu'à de longs intervalles de temps. Il arrivera souvent en effet qu'un

droit de servitude ne sera consenti qu'à la condition
d'être exercé périodiquement ou à l'occasion de certains faits qui n'ont lieu qu'à des époques très-éloi-
gnées (1) : c'est ainsi qu'un droit de passage peut
avoir été constitué uniquement en vue d'une coupe
de bois, du curage d'un étang, d'une extraction de
pierres, de réparations à faire à un bâtiment, etc. Il
est évident que dans tous ces cas on ne peut exiger
du possesseur qu'il fasse d'autres actes d'exercice que
ceux qui sont nécessités par la cause, l'événement ou
l'opération qui y donne lieu, et qu'il serait aussi incon-
séquent qu'injuste de le déclarer déchu d'une possession à laquelle rien ne prouvait encore qu'il avait
renoncé. Il y aurait, au contraire, perte et déchéance
de la possession si, à l'époque du renouvellement de
l'exercice, ou lorsque se produisent les faits qui com-
mandent et exigent des actes de possession, il s'abste-
nait de les accomplir et de les poser à nouveau. Telle
n'est pas cependant la solution que donne la loi 7, au
Digeste, *quemad. servit. amitt.*, puisqu'elle se contente
de doubler le temps pendant lequel la servitude devait être exercée, et qu'elle ne l'a pas été, *duplicato*
*tempore constituto*. Le procédé pourra s'appliquer sans
inconvénient quand il s'agira de servitudes dont
l'exercice comporte une période de temps assez courte
et assez rapprochée, comme celle de prise d'eau qui

---

(1) Il peut se présenter des cas où il sera impossible de prévoir le
retour des actes d'exercice, et où il n'y aurait rien d'extraordinaire
qu'il s'écoulât plus d'un demi-siècle sans qu'il y ait lieu d'user de la
servitude. Supposons qu'un droit de passage soit établi pour donner
accès à un sépulcre : la destination du lieu emporte nécessairement la
conservation constante de la servitude, quel que soit le temps pendant
lequel on n'en aura point fait usage (D., L. 4, *quemad. serv. amitt.*).

s'exercerait *alternis annis vel mensibus* ; mais il devient impraticable s'il doit s'appliquer à des servitudes dont la jouissance aura lieu non-seulement à des intervalles d'années très-éloignés les uns des autres, mais encore à des époques indéterminées.

Maintenant que nous avons énoncé, sous le rapport de l'acquisition, de la conservation et de la perte de la quasi-possession, les principes qui sont communs à toutes les servitudes de notre classe, analysons en détail les faits de possession de chacune d'elles. Parmi les principales servitudes *quæ in faciendo consistunt*, il faut compter : le droit de passage, ou l'*iter* ; la servitude de conduite d'eau, *aquæductus* ; celle de puisage, *aquæhaustus*. Les autres, moins importantes, sont : la servitude d'abreuvoir, *pecoris ad aquam appulsus* ; le droit de pacage, *jus pascendi pecoris* ; celui de faire cuire de la chaux ou du plâtre, de tirer du sable ou de la pierre, *jus calcis coquendæ*, *arenæ fodiendæ* et *lapidi eximendi*, etc. Passons en revue surtout les premières, sur lesquelles il convient d'insister.

### Jus itineris, actus, viæ.

L'*iter* donnait à celui à qui il était dû la faculté d'aller et venir, de se promener à pied et même à cheval sur le terrain d'autrui ; l'*actus*, celle de faire passer une bête de somme ou un chariot ; la *via* comprenait en outre le *jus trahendi lapidem aut lignum*.

Les faits constitutifs de la quasi-possession consistent à passer *jure servitutis* sur le fonds d'autrui ; et ces actes de passage doivent être plus ou moins étendus, selon le mode de servitude que l'on prétend e xer cer ; de plus, il faut qu'ils témoignent et révèlent l'intention expresse que l'on a de les accomplir à titre de droit et en son nom, ou au nom d'un autre pour lequel la servitude est exercée. Si l'on n'usait du passage qu'à titre de tolérance, *jure familiaritatis* et non *servitutis,* ou accidentellement, à titre provisoire, faute de pouvoir passer sur son fonds ou sur la voie publique par suite d'une impossibilité matérielle causée par un éboulement ou une inondation qui a rendu cette voie impraticable (D., L. 1, § 6, *de itin. actuque priv.*), ou à titre précaire par l'effet d'une concession révocable (*precarium*), ou de la reconnaissance du droit du propriétaire du fonds sur lequel on a exercé la servitude de passage, la quasi-possession manquerait d'un des éléments indispensables à son existence : elle n'aurait point le caractère juridique, qui l'autorise à s'affirmer comme un droit digne de respect et de protection ; et ce caractère ne sera suffisamment accusé pour assurer au quasi-possesseur le bénéfice des interdits quasi-possessoires que lorsqu'il se sera servi dans le courant de l'année actuelle , et pendant trente jours au moins, du *jus itineris,* de l'*actus* ou de la *via* (D., L. 1, § 3, *de itin. actuque priv.*).

Le possesseur peut, dans le cas de l'insuffisance de sa possession, se prévaloir de celle de son auteur, à condition, bien entendu, qu'elle soit utile et exempte de vices ; peu importe d'ailleurs à quel titre il lui a succédé, soit à titre particulier, soit à titre universel. La loi 5, § 1, Dig., *de itin. actuque priv.*) décide en effet que l'interdit *de itinere* incombe non-seulement aux successeurs ordinaires, mais même à l'acheteur d'un fonds qui est en possession du *jus itineris*. Il en résulte que ce dernier est constitué possesseur par le fait de la tradition du fonds, car si la jonction des possessions ne s'était pas opérée, il lui eût été impossible d'invoquer les actes de jouissance effectués par son auteur. Cette solution est effectivement conforme au principe que nous avons émis antérieurement, à savoir que, grâce à la préexistence du *corpus*, qui est transmis du *tradens* à l'*accipiens*, lorsque la quasi-tradition d'une servitude civilement établie se lie à la tradition du fonds, l'acquéreur devient immédiatement quasi-possesseur, avant même d'avoir commencé à jouir de son nouveau droit.

La quasi-possession du *jus itineris* se conserve, comme tous les autres *jura in re*, par l'exercice qui en est fait, et se perd par le non-usage. Nous savons que le droit peut cesser d'exister, alors que la quasi-possession se continue dans une certaine mesure : ainsi celui qui avait le droit de passer dans le jour seulement, et qui, pendant deux années successives, n'aurait exercé le *jus itineris* que pendant la nuit, n'aurait pas acquis le droit de passer de nuit, et il aurait certainement perdu la servitude de passage qui lui avait été constituée : *Non fecit quod potuit, fecit quod non potuit*. Quant à la quasi-possession du passage de nuit, si elle n'est pas entachée des vices de violence, de clandestinité ou de précarité, nous pensons qu'elle doit être protégée par les interdits quasi-possessoires, quoique le possesseur n'ait pas le droit de s'y faire maintenir par l'action confessoire.

Il peut se faire même que l'exercice d'un des modes de

la servitude, dans le cas où elle en comporte plusieurs, ait pour effet de conserver le droit en même temps que la possession tout entière. Si, par exemple, la servitude de passage a été établie de telle manière qu'il soit permis de se servir à son gré de l'*iter* ou de l'*actus*, il est évident que l'option pour l'un de ces modes constituerait l'exercice de tout le droit. Mais si la servitude d'*actus* avait été consentie purement et simplement, l'exercice de l'*iter* qui se trouve contenu dans l'*actus* suffirait-il pour conserver la possession de l'*actus?* Quant au droit, il n'est certainement pas éteint, si le maître de cette servitude, qui n'en a exercé qu'une partie, n'ignorait point qu'il pouvait disposer à sa guise de l'*actus* comme de l'*iter*. Mais s'il n'a usé de l'*iter* que parce qu'il croyait n'avoir que ce droit, il a usé alors de tout le droit qu'il pensait lui appartenir, et en exerçant le *jus quod putavit se habere*, il a restreint d'autant l'étendue de sa servitude. Cette distinction se rencontre dans la loi 20, au Dig., *quibus modis usus-fructus vel usus amittitur;* elle suppose qu'un usufruitier n'a exercé que l'*usus* sans le *fructus*, et elle décide que s'il n'a usé de l'*usus* que parce qu'il ne savait pas pouvoir exercer le *fructus,* il perdra le droit de percevoir les fruits, ce qui ne se produirait pas dans l'hypothèse contraire. En effet, celui qui se sait libre d'user à son gré de tel ou tel mode de servitude, et qui, au lieu de faire tous les actes d'exercice qu'elle comporte, se borne à en effectuer quelques-uns de préférence à certains autres, sans prétendre limiter son droit d'autant, celui-là, disons-nous, est censé exercer la servitude tout entière; et dès lors que la loi déclare qu'il n'y a pas extinction par non-usage à l'égard de

celui des droits qui n'a pas été exercé, c'est qu'elle
considère que la jouissance de l'un emporte par elle-
même la jouissance de l'autre (D., L. 2, *quemad.
servit. amitt.*).

Lorsque l'*iter* est l'accessoire de la servitude de
puisage, celui qui n'exerce que l'*iter* sans puiser de
l'eau perd son droit et sa possession de la servitude
de puisage, sans conserver le *jus itineris*, parce qu'il
est impossible de l'envisager comme un mode d'exercice de la servitude *aquæhaustus*. Quant à la possession de l'*iter*, si elle a été exercée *nec vi, nec clam,
nec precario*, et *jure servitutis*, c'est-à-dire avec l'intention manifeste de s'attribuer un droit distinct et
indépendant de la servitude de puisage, elle permettra
à celui qui l'invoque d'intenter, en cas de trouble ou
de violence, l'interdit quasi-possessoire *de itinere*.

### *Jus aquæductus.*

La servitude d'aqueduc est le droit de conduire de
l'eau sur son fonds, en la faisant passer sur le fonds
d'autrui. Les jurisconsultes romains considéraient le
*jus aquæductus* comme une servitude discontinue,
parce que le fait actuel de l'homme est fréquemment
nécessaire pour que l'exercice en soit possible, et
qu'il y a lieu parfois d'ouvrir une vanne pour faciliter
l'écoulement de l'eau. Il n'est pas moins vrai cependant que, les tuyaux servant à la conduite une fois
posés, et l'obstacle qui arrêtait le cours de l'eau une
fois levé, la servitude s'exercera d'elle-même et naturellement (*sponte sua*), sans qu'il soit besoin du
concours et de l'intervention de l'homme. Aussi notre
Code, reconnaissant là les caractères de la continuité,

a-t-il placé la servitude d'aqueduc à côté des servitudes d'égouts, de vues et autres de cette espèce (C. civ., 688). Le droit coutumier la distinguait aussi des servitudes discontinues, et la rangeait dans une classe intermédiaire que nos anciens auteurs désignaient sous le nom de servitudes quasi-continues.

Les faits constitutifs de la quasi-possession du *jus aquœductus* sont tels que nous les avons indiqués pour les servitudes précédentes, avec cette particularité, toutefois, que l'*animus* doit être ici plus rigoureusement caractérisé. Non-seulement il faut que le possesseur exerce la servitude d'aqueduc *jure servitutis,* mais il est nécessaire que cet exercice repose sur la conviction qu'il a le droit d'en user, *si tamen jure ducere se putavit* (D. 1, § 10, *de aqua coll. et œstiv.*).

Les faits de possession n'ont pas besoin d'être renouvelés et répétés plusieurs fois; il suffit d'avoir exercé la conduite d'eau pendant un jour ou une nuit, *vel una die, vel nocte* (D., L. 1, § 4, *de aqua coll. vel œstiv.*).

Tant qu'il y a possibilité d'accomplir des actes d'exercice, et tant que l'eau coule d'elle-même dans les conduits destinés à la recevoir, la quasi-possession se conserve de la même manière que le droit de servitude (D., L. 12, *quemad. serv. amitt.*), et c'est là une preuve de sa continuité qui aurait dû le faire assimiler à ces *jura in re, quœ possessione retinentur.*

Lorsque l'impossibilité d'exercer le *jus aquœductus* n'était qu'accidentelle, il y avait, bien entendu, perte de la quasi-possession (*corpore*); mais le droit, quoique éteint, revivait cependant si la cause qui avait fait obstacle à l'exercice venait à disparaître; c'est ainsi que le jurisconsulte Paul, pour confirmer cette opinion, nous transmet le texte d'un rescrit adressé à Statilius Taurus, et dans lequel il est dit que s'il est survenu une impossibilité matérielle d'exercer la prise d'eau par suite du tarissement d'une source, le propriétaire du fonds servant, si la source renaissait, devrait supporter à nouveau l'exercice de la servitude, bien qu'il y eût, en fait, extinction par non-usage : *Quod jus non negligentia aut culpa sua amiserant, sed quia ducere non poterant, his restitueretur* (D., L. 35, *de serv. præd. rust.*).

Si l'on avait exercé la servitude d'aqueduc autrement que l'exigeait le titre constitutif, il y aurait perte de la servitude et de la possession, et l'usage du nouveau mode n'aurait aucun effet pour fonder un droit quelconque, et même une possession utile, puisque celle-ci n'existe pas sans bonne foi, et qu'il est difficile de considérer comme possesseur de bonne foi celui qui fait ce que son titre lui défend ou n'autorise point à faire : ainsi, celui qui avait le droit de prendre une certaine eau et de la diriger sur son fonds, s'il vient à se servir de l'eau provenant d'une autre source, non-seulement court risque de perdre le droit de prise d'eau qui lui a été constitué, mais aussi de n'être pas à même d'acquérir la quasi-possession de cette nouvelle prise d'eau (D., L. 18, *quem. serv. amitt.*); mais s'il avait réuni une autre eau à celle dont il avait droit d'user, il conserverait à la fois le droit et la possession de sa servitude de prise d'eau, puisque la nouvelle jouissance n'est pas exclusive de la première, et qu'il y a réellement exercice de son droit de prise d'eau (D., L. 40, § 1, *si serv. vind.*; L. 11, *quem. serv. amitt.*).

Quant à la possession de cette prise d'eau qui a été faite en dehors du titre, il faudra que le possesseur fasse la preuve de la conviction qu'il avait que ce droit de prise d'eau lui appartenait ; sinon elle ne lui serait d'aucune utilité pour lui permettre d'intenter l'interdit *de aqua.*

De même une interversion de jouissance, bien qu'elle ne soit pas autorisée par le titre constitutif, pourra conserver la quasi-possession. C'est ce que décide la loi 5, § 1, au Digeste, *de aqua coll. vel æstiva*, dans l'espèce suivante : Deux possesseurs qui avaient le droit de prendre de l'eau successivement à une certaine heure conviennent entre eux de changer d'heures : cette modification, dans la jouissance, devait-elle avoir pour effet de faire perdre leurs droits respectifs, ou la jouissance qu'ils ont eue de part et d'autre devait-elle au contraire les perpétuer ? Cette question, que la loi s'était posée, elle la tranche en faveur de l'existence du droit ; seulement, dans l'interdit *de aqua* qu'ils auront droit d'exercer en cas de trouble, ils devront approprier sa formule à la nouvelle manière dont ils auront usé de la servitude de prise d'eau.

### Jus aquæhaustus.

La quasi-possession du droit de puisage offre les mêmes caractères que la servitude précédente, avec cette différence qu'il n'y a pas lieu d'exiger chez le possesseur la bonne foi ou la conviction qu'il a de son droit. Il est rare que cette servitude s'exerce sans qu'il y ait nécessité de passer sur le fonds d'autrui, et, dans ce cas, la servitude de passage est acquise en même temps que celle de puisage, et se trouve liée à son sort; cependant nous avons distingué une hypothèse dans laquelle la servitude de passage, bien qu'elle ait été concédée comme accessoire du droit de puisage, pouvait avoir été exercée isolément, et dans l'intérêt du possesseur qui s'en servait, pour accéder à son fonds, et nous en avons conclu qu'elle était alors susceptible d'une quasi-possession utile.

Il est inutile d'exposer à quelles conditions la possession de l'*aquæhaustus* se conserve et se perd, car les principes que nous avons eu l'occasion de développer jusqu'à présent ne s'appliquent pas ici différemment, et qu'il suffit de se reporter aux observations précédentes pour déterminer la conservation ou la perte de cette servitude *corpore vel animo*.

Quant aux autres servitudes de notre classe, elles n'offrent non plus rien de particulier au point de vue de la quasi-possession. Ce serait tomber dans des redites que d'en rappeler les différentes phases et d'en analyser les divers cas d'application. Cependant, comme la loi n'a point doté la quasi-possession qui leur est propre d'interdits spéciaux, tels qu'il en existe pour les servitudes de passage, de conduite d'eau et de puisage, nous nous demanderons plus tard, en traitant des interdits quasi-possessoires, s'il y a lieu de suppléer au silence des textes et de leur étendre ces interdits spéciaux, ou, si leur nature se refusait à cette extension, par quels moyens possessoires il conviendrait de protéger leur *juris possessio*.

## § II. — *Des servitudes positives qui consistent* in habendo.

Les servitudes *quæ in habendo consistunt* se lient étroitement à la possession du fonds dominant ; elles font, pour ainsi dire, corps avec lui, en sorte qu'elles n'en sont que des qualités qui modifient le fonds sous un certain rapport : *Quid aliud sunt jura prædiorum , quam prædia qualiter se habentia, ut bonitas, salubritas, amplitudo?* Elles correspondent en partie aux servitudes urbaines, de même que les servitudes précédentes, qui consistent *in faciendo*, sont des servitudes rurales, *prædia rustica*. C'est ainsi que les servitudes de notre classe comprennent les *jura ligni immittendi, oneris ferendi, prospiciendi et protegendi, luminis immittendi, stillicidii recipiendi*, etc.

Nous n'examinerons pas chacun de ces droits séparément, parce que les faits de quasi-possession qui les concernent ne se distinguent pas assez les uns des autres pour permettre de les étudier chacun à part. Tous supposent, en effet, des ouvrages apparents dont l'existence constitue la possession de la servitude ; tous présentent un même caractère de continuité qui les soumet aux mêmes règles à l'égard de la continuation et de l'extinction de la *juris possessio*.

Le fait matériel d'appréhension consiste, ici, dans l'existence et l'établissement des ouvrages qui servent à l'exercice de ces servitudes. Par conséquent, tant que les travaux qui ont pour objet la constitution de la servitude ne sont pas entièrement achevés, il est évident qu'elle n'existe pas encore *corpore*, puisqu'elle ne pourra s'exercer régulièrement que lorsque les opérations constitutives du *jus in re* seront complétement terminées. Il importe peu, d'ailleurs, que ces travaux aient été effectués du consentement ou non du propriétaire du fonds servant ; dès lors qu'il n'y fait aucune opposition, la quasi-possession s'y appliquera utilement.

Quant à l'élément volontaire, à l'*animus*, qui doit accompagner la prise de possession, il sera facilement supposé ; car on n'avance guère un œuvre sur le fonds du voisin sans avoir l'intention formelle d'exercer une servitude, et qu'il n'est point possible d'admettre que cet exercice soit le résultat de la tolérance ou des rapports du bon voisinage.

Tant que les ouvrages subsistent, la possession de la servitude se conserve et se continue avec celle du fonds à laquelle elle se rattache intimement, et dont elle suit les modifications et les transformations successives. Aussi les servitudes *quæ in habendo consistunt* ne se perdent-elles point, comme celles *quæ in faciendo consistunt*, par l'effet du non-usage ; car elles se possèdent pour ainsi dire par elles-mêmes au moyen de l'œuvre avancé sur le fonds d'autrui, et qui en est comme l'exercice continuel et permanent : *servitutes quæ in superficie consistunt possessione retinentur* ; leur caractère de continuité les dispense du fait actuel de l'homme. Ainsi la servitude de vue ne continue pas moins d'appartenir au possesseur, quoiqu'il ne soit pas là pour l'exercer, car elle ne consiste pas tant dans le fait de regarder que dans celui d'avoir des fenêtres qui s'ouvrent sur le fonds du voisin. Pour qu'il y ait perte de la *juris possessio*, il faut quelque chose de plus que l'inaction, que l'abstention du propriétaire dominant : il y a nécessité d'exécuter un acte contraire à l'exercice de la servitude, un acte tel que le possesseur n'ait plus la possibilité d'en jouir, et que le propriétaire servant se trouve à même de commencer à usucaper l'affranchissement de son fonds, et puisse se prétendre, par suite, en possession de sa liberté. Il faudra, par exemple, que les poutres, lorsqu'il y a *ligni immissio*, soient enlevées et que les trous destinés à les recevoir soient bouchés ; que les ouvertures des fenêtres soient murées, dans le cas de la servitude de vue ; que la maison qui est en possession du *jus oneris ferendi* soit démolie ; que les gouttières, les toits et les balcons qui font saillie sur l'immeuble du voisin soient supprimés pour constituer l'état de liberté à l'égard du propriétaire servant, *ut libertatem usucapiat*. Cette *usucapio libertatis* ne serait donc pas accomplie si le changement dans la disposition des lieux n'était que temporaire et provisoire, et ne subsistait pas assez de temps pour que la libération du fonds servant fût définitivement acquise *per statutum tempus* (D., L. 4, § 29, *de usurp. et usucap.*; C., L. 13, *de serv. et aqua*). Supposons, en effet, que la maison qui possédait le *jus oneris ferendi* vienne à être reconstruite ; que la poutre soit replacée dans le mur qui en supportait la charge ; que les ouvertures qui avaient été murées soient débouchées ; que les gouttières, les toits et les balcons soient rétablis dans leur état primitif, avant qu'il se soit écoulé un temps suffisant pour l'accomplissement de la prescription : la possession de liberté serait interrompue, *usu-*

*capio interpellata est*, et les servitudes revivraient, comme si elles n'avaient pas été éteintes *corpore* : « *Si sublatum sit œdificium, ex quo stillicidium cadit, ut eadem specie et qualitate reponatur, utilitas exigit ut idem intelligatur* » (D., LL. 32, §1, et 20, §2, *de serv. præd. rustic.*).

Est-ce au possesseur du fonds servant à faire ce *contrarium actum*, ce nouvel œuvre, *aliquid novi*, qui rend impossible l'exercice de la servitude? Il semblerait en effet qu'étant plus intéressé que tout autre à requérir l'affranchissement de son fonds, il doit protester par son fait contre l'existence d'une servitude qui amoindrit son droit de propriété, et qu'il appartient à lui seul de réaliser cet *actum contrarium*. La loi 6, au Dig., *de servit. præd. rustic.*, suppose effectivement que cet acte émane du propriétaire servant. Nous ne doutons point que le nouvel œuvre destiné à faire obstacle à l'exercice de la servitude ne soit le plus souvent le fait du propriétaire servant, que l'intérêt pousse à s'affranchir d'un droit qui le gêne. Mais doit-on n'accorder aucun effet, n'attacher aucune importance à un arrangement, à une disposition des lieux qui, émanant du propriétaire dominant, attesterait de sa part l'abandon qu'il a l'intention de faire de la servitude? Eh quoi ! si ce dernier détournait les gouttières qui déversent l'eau sur le fonds du voisin, s'il les dirigeait de son côté, n'est-il pas plus raisonnable d'admettre que le fonds servant commence dès lors à n'être plus asservi, et qu'il acquerra avec le temps une libération aussi complète que si l'usucapion fût provenue de son fait ?

Si, après la suppression des ouvrages au moyen des-

quels s'exerce la servitude , il en reste quelques vestiges qui témoignent de leur existence antérieure, ces
vestiges suffiront-ils pour conserver la possession?
Quelques personnes l'ont pensé, parce que les signes
apparents sont un indice de la possession : *per signum retinetur signatum*. Cependant cette solution ne
nous paraît pas conforme aux principes ordinaires de
la possession ; dès qu'il y a impossibilité matérielle
d'user d'une chose, il y a perte de la possession *corpore*. La loi 6, *servit. præd. urb.*, que nous avons
citée tout à l'heure et qu'on invoque dans le système
opposé, ne dit nullement que la possession sera conservée au fonds dominant tant que le propriétaire
assujetti n'aura pas usucapé sa liberté ; mais elle déclare seulement qu'il n'y aura pas extinction de la servitude tant qu'il n'y aura pas *usucapio libertatis*. De
ce que celle-ci n'est pas éteinte, s'ensuit-il qu'elle ne
cesse point d'être possédée? Il est vrai que, la plupart
du temps, l'extinction des servitudes résulte du défaut
de possession , et s'il n'y a pas extinction , c'est qu'il
y a eu possession constante. Mais, à l'égard de ces
*jura quæ in habendo consistunt*, qui ne peuvent s'é-
teindre *non utendo*, il existe cette anomalie particulière que le droit continuera à subsister, bien qu'il ne
soit plus l'objet d'un exercice effectif. Et d'ailleurs, si
l'on considère le propriétaire servant comme ne ces-
sant point d'être assujetti, bien que le propriétaire
dominant se soit privé lui-même des moyens d'exercer
la servitude, comment le premier pourra-t-il désormais
acquérir la libération de son fonds, puisqu'il n'y a plus
possibilité de faire un acte contraire à une servitude
qui n'est pas en état d'être exercée? faudra-t-il décider

alors qu'il restera continuellement grevé d'une servitude dont il n'y a plus d'exercice possible, et dont il
ne pourra jamais néanmoins s'affranchir?

Le propriétaire servant qui est en voie d'usucaper
la liberté de son fonds a-t-il le droit de joindre à sa
possession celle de son auteur? Quand les servitudes
s'éteignent *non utendo*, il peut non-seulement se prévaloir du temps pendant lequel le possesseur actuel du
fonds dominant n'a pas exercé la servitude, mais aussi
de celui pendant lequel l'auteur dont ce dernier tient
ses droits n'a fait aucun acte d'exercice (D., L. 18, §1,
*quem. serv. amitt.*). Mais à l'égard des servitudes qui
ne s'éteignent point par le non-usage, il est évident
qu'il ne peut être question du défaut de possession des
propriétaires dominants, et qu'il n'y a lieu à l'accession des possessions que relativement aux *possessores
libertatis*. On a contesté que cette accession puisse
recevoir ici son application, parce qu'il résulte de la
loi 32, au Dig., *de servit. præd. urb.*, que, dans le cas
de cessation de possession par abandon de l'immeuble
qui est *in causa usucapiendi*, le possesseur actuel est
obligé de recommencer une prescription nouvelle.
Mais il est à remarquer que, dans cette loi, il ne s'agit
pas d'une succession de possession; le second possesseur ne tient pas ses droits du premier; et que, par
conséquent, on n'est pas fondé à argumenter de ce texte
pour soutenir que l'*accessio temporis* est inapplicable
dans le cas de la *possessio libertatis*.

# SECTION III.

## DE LA QUASI-POSSESSION DES SERVITUDES NÉGATIVES.

Les servitudes négatives consistent à interdire (*in prohibendo*) au propriétaire d'une chose l'exercice de certains actes que, sans cela, sa qualité de propriétaire lui permettrait de faire. Telles sont les servitudes de ne pas bâtir, *non ædificandi*, de ne pas élever un édifice au-delà d'une certaine hauteur, *ne altius tollendi*, de ne pas nuire au jour ou à la vue du voisin, *ne luminibus vel prospectui officiatur*, etc., etc. L'assujettissement du fonds servant se réduit donc ici à un fait négatif qui ne se constate par aucun signe extérieur et apparent, et la jouissance du possesseur ne se manifeste point non plus par des actes sensibles qui prolongent en quelque sorte notre possession sur celle du propriétaire servant. MM. Belime et Molitor s'appuient notamment sur ce que l'exercice ne peut se traduire extérieurement en faits de possession évidents et palpables, pour leur refuser les caractères constitutifs d'une quasi-possession. Mais, si cette jouissance ne comporte point des faits de cette nature, est-ce une raison pour qu'elle ne constitue pas une possession aussi réelle, aussi efficace que si elle résultait de faits apparents et sensibles? Celui qui jouit de son droit de la manière dont il peut en user n'en est-il pas véritablement en possession, par cela même qu'il l'exerce et qu'il en tire tous les avantages, tous les services dont il est susceptible? Le maître de la servitude,

*ne prospectui officiatur*, qui a le droit de s'opposer à
ce que le voisin ne masque sa vue par des constructions ou l'établissement d'ouvrages quelconques, et qui
jouit de cet état de choses résultant de l'abstention du
propriétaire servant, n'est-il pas en possession de tous
les profits et agréments qui en sont la conséquence ?
Le fait matériel de la possession, le *corpus*, c'est cet
état de choses qui est en conformité avec le droit ; et
l'élément intentionnel, l'*animus*, réside dans la volonté
de profiter pour son compte personnel de tous les
avantages de la servitude.

Mais, si cette quasi-possession existe en réalité, il
importe de déterminer maintenant quels actes ont
pouvoir de la constituer, car il ne faudrait pas croire
qu'elle résulte de toute abstention de la part d'un
propriétaire, quand bien même le voisin entendrait
en profiter. Le titre est, à notre avis, un des principaux éléments qui peuvent servir de base à la possession
des servitudes négatives, car il révèle l'intention
qu'a le propriétaire dominant d'user du droit qui vient
d'être établi à titre de servitude, *jure servitutis*, et le
propriétaire servant n'est plus libre désormais de faire
ou de ne pas faire un acte contraire au droit que prétend exercer son voisin ; de plus, il ne serait point
reçu à soutenir que cette possession est clandestine,
puisqu'en n'agissant point il se conforme au titre
qu'il a consenti ; son abstention est donc obligatoire, et
non accidentelle.

Cependant quelques personnes, s'appuyant sur le
texte de la loi 6, § 1, au Digeste, *si serv. vind.*, se sont
imaginé que l'abstention pure et simple du propriétaire, sans qu'il y ait constitution préalable de la ser-

vitude, pouvait faire acquérir la possession d'une servitude négative. Voici le passage dont cette opinion s'autorise : *Sciendum in his servitutibus, possessorem esse cum juris et petitorem. Et si forte non habeam ædificatum altius in meo, adversarius meus possessor est : nam quum nihil sit innoratum, ille possidet... Sed et si patiente eo ædificavero, ego possessor ero effectus.* M. de Savigny, qui avait tout d'abord adopté ce système, l'a rejeté parce que ces expressions *possessorem et petitorem juris* ne se rapportent pas, d'après lui, à la qualité de possesseur, mais à celle de demandeur et de défendeur. Le mot *possessor* signifierait donc que l'on est défendeur, et par conséquent il faudrait traduire ainsi ce membre de phrase *adversarius meus possessor est :* « l'adversaire est celui qui, s'il le veut, peut être défendeur au procès. » Nous ne contestons pas que ces expressions ne servent quelquefois à désigner le rôle de défendeur (voir Ulpien, D., L. 62, *de judiciis;* Africain, L. 15, *de operis novi nuntiat.*). Mais est-il bien nécessaire de recourir à cette interprétation pour démontrer que cette loi ne reconnaît pas un effet aussi considérable au fait de l'abstention pure et simple ? Elle suppose en effet que la servitude avait déjà été constituée, qu'elle existait en vertu d'un titre, et telle est d'ailleurs l'hypothèse de la loi précédente. C'est en prenant pour point de départ l'existence de la servitude *non altius tollendi* que le jurisconsulte fait remarquer que, dans les actions confessoires et négatoires, les qualités de demandeur et de défendeur ne sont pas opposées mais peuvent se confondre. Tant que je n'ai pas exhaussé ma façade, le propriétaire du fonds dominant possède, et, quoique possesseur, il pourra s'opposer non-seulement à toute entreprise par l'action confessoire mais aussi par l'interdit *quod vi aut clam*, et par l'*operis novi nunliatio*. Mais si j'achève ma construction sans que le propriétaire du fonds servant s'y soit opposé, je serai devenu possesseur, et alors mon adversaire sera demandeur. Il n'est donc question ici que de la conservation et de la perte de la quasi-possession, et nullement de la manière dont elle s'établit (Demangeat, *Éléments de droit romain*, p. 499). Au surplus, ce système, s'il était accepté dans toute sa rigueur, conduirait à des conséquences qui ne manqueraient pas de le faire rejeter. Comment admettre qu'une personne soit déchue et dépouillée d'une partie de son droit pour avoir usé de la liberté que lui donne sa qualité de propriétaire d'agir ou de ne pas agir, de faire ou de ne pas faire un acte que comporte son droit de propriété ? D'ailleurs cette possession, si elle était possible, serait assurément entachée de clandestinité, car, ne s'annonçant extérieurement par aucun signe, elle ne serait point connue du propriétaire servant, qui ne pourrait même jamais en soupçonner l'existence. Ne serait-il pas, du reste, contraire à la raison, comme dit parfaitement M. de Savigny, d'admettre que tout propriétaire foncier posséderait ainsi, à chaque instant voulu, une infinité de servitudes à charge de ses voisins ?

N'y a-t-il pas cependant quelques autres moyens de constituer la possession des servitudes négatives ? On a prétendu qu'il suffisait de simuler une entreprise contraire à l'exercice de la servitude, et d'y répondre par un simulacre de résistance. Cet expédient, qui ne

repose sur aucun texte, n'est guère admissible, parce
que la nature de la possession ne se prête point à l'application d'une fiction aussi peu sérieuse. Mais si le
propriétaire qui a commencé l'exécution de travaux
préjudiciables à l'existence d'une servitude négative
à laquelle prétendrait le voisin venait à acquiescer à la
défense que ferait ce dernier d'avoir à continuer ces
travaux, cette opposition attesterait l'intention qu'a
l'un de jouir sans trouble de la servitude négative ; de
même que l'acquiescement équivaudrait, de la part de
l'autre, à la reconnaissance formelle du droit de son
adversaire. Si désormais le propriétaire servant s'abs-
tient de faire un acte contraire, c'est qu'il se sait
obligé à respecter le droit qu'il a reconnu chez le propriétaire dominant. Il importe, notons-le bien, que cet
acquiescement implique une reconnaissance explicite
du droit de celui-ci ; car si la cessation des travaux
était moins le résultat de la prohibition que d'un changement de volonté chez l'auteur du nouvel œuvre, ou
si cette cessation avait pour cause des actes d'intimidation exercés par le propriétaire dominant, nous
n'admettrions point, comme le fait M. de Savigny, qu'il
y ait là les éléments d'une quasi-possession (De Savigny, *Traité de la possession*, § 46).

Quant au droit qui serait reconnu judiciairement à
la suite d'une contestation entre deux parties, il est
évident que ce jugement constituerait un titre qui
confirmerait la possession du propriétaire dominant.

Il n'est point question dans les textes du droit romain de cette *possessio juris*, bien que quelques auteurs aient cru à tort en trouver les caractères dans

certaines lois, et entre autres dans la loi 45, au Dig.,
*de damno infecto*, et dans la loi 15, *de operis novi
nuntiat*. Mais il est facile de constater par l'explication
de ces textes qu'ils ne sont point relatifs à la possession des servitudes négatives. Examinons d'abord
l'espèce prévue par la loi 45, *damn. inf.:* Vous avez
construit sur votre terrain, alors que je le prétends
privé de la servitude de ne pas bâtir. J'intente l'action
confessoire, pour faire juger que vous n'aviez pas le
droit d'élever de construction, puisque le *jus non
ædificandi* existe au profit de mon fonds. Vous faites
défaut, *in defendis ;* dans ce cas, dit la loi, je serai
envoyé en la possession du fonds pour forcer mon adversaire à démolir le nouvel œuvre : *Ad me possessio
transferenda est.* Il ne faut pas voir dans ces expressions de la loi une *possessio juris* qui vous serait transférée judiciairement par suite du refus de se défendre
qu'oppose votre adversaire ; non, il ne s'agit ici que
d'un simple envoi en possession qui permettra au demandeur de détruire lui-même les travaux si l'adversaire ne prouve pas, dans un certain délai, qu'il avait
le droit de les faire. L'objet même de ce titre *de damno
infecto* ajoute encore à la vraisemblance de cette interprétation.

Quant au second texte, il se réfère également à un
intérêt de procédure ; il est question de déterminer
celui qui sera défendeur ou demandeur dans la contestation sur la servitude *non altius tollendi*. En pré-
vision d'un exhaussement futur, j'actionne mon voisin,
pour faire juger qu'il n'a pas le droit d'exhausser sa
maison, mais il fait défaut. Que devra faire le juge ? il
l'obligera à donner caution de ne rien entreprendre

avant d'avoir justifié de son *jus ædificandi, carere, non prius se ædificaturum, quam ultro egisset, jus sibi esse altius tollere;* ou bien mon adversaire veut faire juger qu'il a ce droit, et il m'actionne. Si je fais défaut, je devrai donner caution de ne faire aucune dénonciation de nouvel œuvre et de ne pas troubler mon adversaire dans l'exécution de son entreprise. La loi, dans ce texte, ne détermine point quel est le possesseur et ne s'occupe point d'un fait de possession ; elle décide seulement que l'action a pour effet de constituer défendeur celui qui l'intente, en ce sens que l'adversaire devra prouver son droit. La fin du texte prouve que cette loi a spécialement en vue les rôles de demandeur et de défendeur dans l'instance, puisqu'elle déclare que celui qui a fait défaut porte la peine de sa négligence en étant obligé de justifier de son droit, car il est désormais demandeur : *Eaque actione hactenus is qui rem non defenderet, punietur, ut jure suo probare necesse haberet : id enim esse, petitoris partes sustinere.*

La quasi-possession d'une servitude négative se perd dès qu'il y a impossibilité de l'exercer, ce qui aura lieu lorsque le propriétaire servant aura fait une entreprise contraire à l'exercice de cette servitude. Celui-ci recouvrera par ce fait la possession de la liberté de son fonds, et il pourra l'usucaper si elle n'est point interrompue. Il y aurait interruption si, avant l'accomplissement de l'usucapion, il abandonnait l'immeuble (arg. de la loi 32, §1, *serv. præd. rust.*), ou si le maître de la servitude intentait l'interdit *quod vi aut clam,* ou l'action confessoire pour faire reconnaître son droit de servitude, car, bien qu'il ne soit plus *possessor juris,*

il conserve son *jus servitutis*. Il en serait de même si
le nouvel œuvre venait à être détruit avant que le propriétaire servant n'eût prescrit l'affranchissement de
son fonds ; et remarquons que, dans ce cas, la possession, quoiqu'elle ait été perdue de fait *(corpore)* après
l'achèvement du nouvel œuvre, revivrait immédiatement d'elle-même, puisque l'exercice de la servitude
est de rechef devenu possible, et que cet exercice a
son principe et sa cause dans le titre constitutif, qui
peut être valablement opposé tant qu'il n'y a pas usucapion de la liberté du fonds, *quoad libertas non
usucapitur*. L'*animus* se présumera facilement chez
l'ancien possesseur, surtout s'il a fait notifier au propriétaire servant de n'avoir plus à élever de construction sur son terrain, qui est grevé de la servitude *non
œdificandi*, ou si, lorsque ce dernier se prépare à re-
construire, il l'oblige à renoncer à son entreprise soit
par une vive résistance, soit même par une défense
quelconque ; et s'il arrivait que le propriétaire assujetti n'en tînt pas compte, le propriétaire dominant aurait, pour se faire maintenir en sa possession, quelque
récente qu'elle soit, la ressource d'un des moyens possessoires qui incombent à la nature de sa servitude. Il
peut se faire aussi qu'il autorise provisoirement le voisin à faire un acte contraire à son droit, mais il ne perd
point alors complétement sa possession, il ne l'abandonne que pour un temps, puisque celui qui a exécuté
le nouvel œuvre en vertu d'une autorisation révocable
s'est engagé à remettre les lieux dans leur état primitif
dès qu'il en recevra l'ordre. Toutefois, si, au mépris de
l'injonction qui lui a été faite, il continuait à posséder,
et que le propriétaire dominant eût la négligence

d'user du droit qu'il a de faire supprimer le nouvel œuvre, il y aurait alors une sorte d'interversion de possession. Le propriétaire servant posséderait non plus à titre précaire, mais *cum animo domini*, et il pourrait commencer utilement à prescrire la liberté de son fonds.

# CHAPITRE III.

## DES INTERDITS POSSESSOIRES ET QUASI-POSSES-SOIRES QUI INCOMBENT AUX SERVITUDES.

La quasi-possession des servitudes ne pouvait rester sans protection; dès lors qu'elle était exposée aux mêmes troubles que la propriété elle-même, dont elle suit les démembrements, il était logique de protéger leur exercice par les mêmes moyens. Sans doute le propriétaire à qui l'on avait constitué un droit de servitude avait la ressource de l'action confessoire dans le cas où l'on eût porté atteinte à sa jouissance et à son droit ; de même le possesseur de bonne foi qui avait reçu la servitude *a non domino* trouvait une garantie suffisante dans le bénéfice de l'action publicienne, qui lui permettait de se faire maintenir en la possession à l'égard de tous ceux qui n'avaient point l'exception *justi dominii;* mais celui dont la jouissance ne reposait pas sur un titre, ou qui, dans l'insuffisance des preuves constitutives de son droit, craignait de ne pas réussir dans l'instance pétitoire, aurait été sans cesse menacé d'être inquiété et entravé dans sa jouissance, et obligé de défendre sa quasi-possession par la force ou par la ruse, s'il n'eût existé des interdits qui ne l'eussent mis à couvert et à l'abri des atteintes et des entreprises des tiers. Les motifs d'ordre public et d'intérêt privé commandaient, aussi impérieusement que pour le droit de propriété, l'application des interdits possessoires à la quasi-possession de tous les *jura in re :* « *Quum juris quasi possessio*, dit M. Mühlenbrucht, *tribuatur iis qui servitute utuntur, consequens est ut iidem etiam interdictis velut possessionis jus suum defendere possint »* (Doctr. Pand., § 207).

Certaines servitudes dont la possession se confondait avec celle du fonds, dont elles étaient parties intégrantes, se prêtaient facilement à cette extension des moyens possessoires. Mais celles qui constituaient une individualité distincte et indépendante du fonds sur lequel elles s'exerçaient exigèrent nécessairement une modification dans la formule des interdits qui ne servaient qu'à protéger la possession foncière ; et aux interdits possessoires utiles vinrent s'ajouter alors les interdits quasi-possessoires spéciaux dont nous aurons à déterminer la nature et les caractères. Tout possesseur, dès lors qu'il avait exercé un droit de servitude *nec vi, nec clam, nec precario*, et dont la quasi-possession était suffisamment caractérisée, était assuré de triompher au possessoire contre tous ceux qui tenteraient de le troubler ; il lui suffisait de prouver ses faits de possession. Le propriétaire lui-même qui se prévalait d'un droit de servitude ou qui excipait de la liberté de son fonds devait faire valoir ses prétentions dans l'instance *in rem* soit par l'action confessoire, soit par l'action négatoire ; mais il ne pouvait, sans s'exposer à succomber, porter atteinte à la quasi-possession de celui qui était fondé à l'invoquer. S'il était au contraire *possessor juris*, il pouvait indifféremment choisir l'une ou l'autre instance, bien que la voie possessoire lui fût préférable à bien des égards, puisqu'il était dispensé de justifier de son droit, et que, vainqueur au possessoire, il avait, outre l'avantage de conserver sa possession, celui d'être défendeur dans l'instance *in rem*, si son adversaire eût jamais osé l'attaquer et le poursuivre au pétitoire. D'ailleurs les mêmes incidents de procédure que nous avons vus se produire au sujet des interdits possessoires se présentent dans les mêmes conditions relativement à toute contestation qui peut s'élever sur la quasi-possession des servitudes.

Dans les cas où la possession de la servitude se distingue de celle du fonds, il pourra se faire que ces interdits quasi-possessoires soient opposés, sous forme d'exceptions, aux interdits possessoires. En effet, la quasi-possession de la servitude n'empêche point que le propriétaire du fonds servant ait la *corporis possessio;* or, à ce titre, il est en droit d'invoquer, de préférence à l'action négatoire, l'interdit *uti possidetis* pour dénier l'existence de la servitude qu'on exerce sur son héritage ; et si le possesseur de cette servitude veut s'y faire maintenir en possession, il sera obligé d'opposer reconventionnellement son interdit quasi-possessoire (De Savigny, *Traité de la possession,* § 44, page 401).

Ces interdits sont tous *retinendæ possessionis*, car ceux qui ont pour objet de ressaisir la possession se conçoivent difficilement en matière de servitudes ; cependant nous nous demanderons si l'interdit *unde vi* n'est pas applicable dans certains cas, et de même si l'interdit *de precario* n'a point sa raison d'être.

Nous suivrons, dans cet examen des divers interdits quasi-possessoires, le même ordre et la même marche que nous nous sommes imposée pour l'examen de la possession des servitudes. Nous verrons d'abord les interdits relatifs aux servitudes positives et à chacune des classes dont elles se composent, puis ceux dont sont susceptibles les servitudes négatives.

## SECTION I.

### DES INTERDITS SPÉCIAUX RELATIFS AUX SERVITUDES POSITIVES QUI CONSISTENT *in faciendo*.

La nature de ces servitudes, qui sont essentiellement discontinues, ne permettait guère qu'on leur appliquât les interdits ordinaires, l'interdit *uti possidetis* notamment, qui n'est recevable que pour des faits de possession continus et en quelque sorte inhérents au sol. L'exercice de ces *jura quæ in faciendo consistunt* offre en effet un caractère d'incertitude et d'intermittence qui semble l'entacher de précarité. Ce n'est pas là un fait accidentel, c'est au contraire le résultat de leur constitution naturelle et intrinsèque. Doneau en avait fait l'observation, comme le prouve le texte suivant : *In quibus scilicet incertior et mobilior possessio consilium et tuitorium prætoris e rposcere videbatur ; hinc de eorum possessione, de qua ob eam causam facile dubitari potest, interdicta sunt constituta.* Des interdits spéciaux furent alors institués, qui s'adaptèrent à ce genre d'exercice et embrassèrent dans leur formule les différents faits de jouissance qui constituaient une quasi-possession utile. Mais, s'ils se distinguent de l'interdit *uti possidetis* sous le rapport de leur mode d'application, ils s'en rapprochent par leur objet et leurs effets ; comme ce dernier, ils empêchent qu'on porte atteinte à la possession, et, par conséquent, sont prohibitoires. Si la formule est modifiée selon la nature de l'exercice, elle est cependant conçue à peu près dans la même forme ; et enfin les conditions, sinon les causes du trouble, sont les mêmes que pour l'interdit *uti possidetis*, et ils s'invoquent également contre tout auteur du trouble, quel qu'il soit, fût-il propriétaire du fonds grevé de la servitude : *adversus quemcumque turbantem vel impedientem.*

Toutes les servitudes *quæ in faciendo consistunt* n'ont pas été pourvues d'interdits spéciaux ; les préteurs n'en ont doté que les plus importantes ; aussi aurons-nous à demander s'ils sont applicables à celles qui en sont destituées. Les interdits qui ont été organisés spécialement par la jurisprudence prétorienne en vue de certaines servitudes sont au nombre de sept, à savoir : les interdits *de itinere actuque privato; ut iter actumque reficere liceat; de aqua cottidiana; de aqua æstiva; de rivis; de fonte; ut fontem reficere liceat.*

### 1° *De l'interdit* DE ITINERE ACTUQUE PRIVATO.

Voici les termes de cet interdit : *Quo itinere actuque privato, quo de agitur, vel via hoc anno, nec vi, nec clam, nec precario, ab illo usus est, quominus ita utaris, vim fieri veto.*

D'après cela, la condition essentielle pour avoir droit à cet interdit, c'est d'avoir exercé la servitude de passage *nec vi, nec clam, nec precario,* pendant l'année. Celle-ci se compte du jour où l'action de l'interdit est intentée à pareil jour de l'année précédente.

L'interdit *itinere* s'applique non-seulement à l'*iter*
et à l'*actus*, mais aussi à la *via*, et il en serait ainsi du
sentier : *item via est semita.* Il n'est recevable qu'autant que les actes de passage ont été renouvelés pendant trente jours différents : *Si modo anno usus est,
vel modico tempore, id est non minus quam triginta
diebus* (D., L. 1, § 2, *de itin. actuque priv.*). Il n'est
pas nécessaire que ces trente jours soient consécutifs,
car on n'a point généralement l'habitude de se servir
d'un chemin tous les jours ; on n'exerce les actes de
passage que selon ses besoins, *nisi quum usus exi-
gerit, ita annui tempo. is spatio conclusit usum* (D.,
1, § 3, *h. tit.*). Quelques auteurs cependant ont prétendu qu'il suffisait d'avoir usé de l'*iter* à plusieurs
reprises, de telle sorte que les actes d'exercice em-
brassent toujours une période d'un mois ; mais, d'après
les termes mêmes de la loi, il est évident qu'il ne s'agit
que d'un exercice qui a pu avoir lieu à différents jours
de l'année. Et comment serait-il possible alors qu'un
fait de jouissance, renouvelé peut-être à plusieurs
mois d'intervalle, soit mis en ligne de compte, tandis
que, répété pendant vingt-neuf jours consécutifs, il
soit insuffisant pour fonder une quasi-possession
utile ?

Nous savons que l'on peut jouir de la servitude par
soi-même ou par un autre qui exerce des actes de
passage en notre nom ou même au nom du fonds,
*nomine fundi* (D., L. 1, § 7, *h. tit.*). Il en résulte que
le mandataire infidèle qui se sert du chemin dans
l'intention d'acquérir pour lui-même la servitude a
seul le droit d'intenter l'interdit *de itinere*. Il en serait
ainsi dans le cas où l'un de mes amis se sert pour

lui-même d'un chemin qui donne accès à un fonds qu'il croit lui appartenir (D., L. 1, § 8, *h. tit.*).

Le délai d'une année, qui forme la limite du temps pendant lequel l'interdit est recevable, pouvait être prolongé selon les circonstances qui ont fait obstacle à l'exercice de la servitude. Si le défaut de jouissance provenait par exemple d'un événement de nature ou était le résultat de la violence, ou si les délais se trouvaient périmés par suite du retard apporté par l'adversaire, le préteur, *causa cognita*, permettrait d'ajouter à sa possession celle qui est d'une année antérieure (*die repetita*), ou, sans tenir compte de l'insuffisance de la quasi-possession, il pourrait accorder la restitution *in integrum* (D., L. 1, §§ 0 et 10, *h. tit.*).

Il n'était pas nécessaire, comme dans le cas de l'interdit *uti possidetis*, de posséder au moment même où l'interdit *de itinere* était intenté, car les actes d'exercice du *jus itineris* ne sont jamais continus et permanents : *Et tuetur eum, licet eo tempore quo interdictum redditur, usus non sit...* On n'exigeait pas même que la quasi-possession eût été toute l'année exempte des vices de violence, de clandestinité ou de précarité ; il suffisait que le commencement de la possession n'ait été entaché d'aucun vice pour que la possession postérieure soit considérée comme utile à l'effet de faire acquérir l'interdit *de itinere*, quelque vicieuse toutefois qu'elle ait pu être : *Nec enim corrumpi, aut mutari potest, quod recte transactum est, superveniente delicto* (D., L. 1, § 12 ; et LL. 2 et 3, *h. tit.*).

Dès lors que l'*accessio possessionis* est applicable

en cette matière, l'exercice du droit par le vendeur, le
testateur, le donateur ou toute autre personne désignée sous le nom générique d'*auctor* peut être utilement compté dans les trente jours exigés par la loi.
Il en résultait que le possesseur qui avait possédé *vi,*
*clam aut precario*, s'exonérait des conséquences de
sa possession vicieuse en se prévalant de celle de son
auteur qui aurait joui régulièrement (D., L. 3, § 6; et
L. 6, *h. tit.*). Il est à remarquer cependant que, dans
le cas où c'est l'*auctor* seul qui a exercé la servitude,
le demandeur actuel, le *successor*, qui est son ayant-
cause, ne peut obtenir qu'un interdit *adipiscendæ pos-*
*sessionis*. Il ne réclame pas, en effet, le maintien
d'une quasi-possession qu'il n'a pas, mais uniquement
l'attribution du droit qu'on lui conteste : *Adipiscendæ*
*possessionis sunt interdicta, quæ competunt his qui*
*ante non sunt nancti possessionem...; ex hoc genere*
*est : et quo itinere renditor usus est, quominus emptor*
*utatur, vim fieri velo* (D., 2, § 3, *de interd.*).

L'objet de la demande était principalement la cessation du trouble et, de plus, la réparation du dommage causé par le trouble (D., 3, § 3, *de itin.*). Comme
pour l'interdit *uti possidetis*, le possesseur lésé obtenait des dommages-intérêts évalués d'après l'intérêt
qu'il avait à user de son droit : *Quanti ejus interesse,*
*via vel itinere non prohiberi*. Cependant on a prétendu que les effets de cet interdit se bornaient au
maintien de la possession, et que le texte précédent
se rapportait à l'époque du système formulaire, où le
montant de la *condemnatio* était toujours pécuniaire,
et où il fallait, même dans l'instance possessoire, déterminer l'équivalent de la chose en litige, c'est-à-dire

du *jus possessionis* (Crémieu, *des Actions posses-soires*, n°⁵ 62 et 100). Mais de ce que les condamna-tions se réduisaient à une somme d'argent, il ne s'en-suit pas que le juge ne devait pas prendre pour base d'évaluation le préjudice occasionné par le trouble, car ce dommage entrait nécessairement dans l'esti-mation qui était faite relativement au *jus possessionis*; et lorsqu'il lui fut permis de prononcer directement la maintenue en possession, la fixation des dommages-intérêts resta comme un élément séparé et accessoire de la condamnation. Nous voyons même dans la loi 1, au Code, *uti possidetis,* qu'il avait le pouvoir d'exiger du condamné dont il avait sujet de craindre des ten-tatives de violence la caution de ne plus troubler à l'avenir. Nous pensons donc que le droit de maintenir le possesseur en l'état de choses actuellement existant implique comme conséquence la faculté de prononcer sur l'indemnité qu'était fondé à réclamer celui qui avait été entravé dans sa jouissance, sans qu'il y ait lieu pour cela à l'action *in factum.*

2° *De l'interdit* UT ITER REFICERE LICEAT.

L'interdit *de via reficienda* a pour objet l'entre-tien du chemin, dont l'exercice est protégé par l'inter-dit *de itinere.* Ce n'est pas un interdit possessoire à proprement parler : il participe également de l'action confessoire, en ce sens qu'il ne peut être intenté qu'autant que la propriété de la servitude de passage préexiste, comme les termes dans lesquels il est conçu : *Qui itinere actuque hoc anno non vi, non clam, non precario ab alio usus est, quominus id iter ac-*

*tumque, ut tibi jus esset, reficias, vim fieri velo :
qui hoc interdicto uti valet, is adversario damni
infecti, quod per ejus vitium datum sit, caveat.*

Ainsi celui qui, se prétendant possesseur d'un droit
de passage, veut jouir de la libre faculté de réparer le
chemin pour le rendre propre à l'exercice de la servitude, doit prouver qu'il a le *jus reficiendi,* ou, s'il le
préfère, il est tenu d'établir ces deux points : qu'il a
le droit de servitude, et qu'il a exercé le passage dans
l'année *nec vi, nec clam, nec precario;* car le droit
de réparer est la conséquence du droit de passage.
*Itaque qui hoc interdicto utitur, duas res debet do-
cere : et hoc anno se usum, et ei servitutem competere ;
cæterum si desiit alterutrum, deficit interdictum*
(D., L. 3, § 13, *h. tit.*).

La raison de cette rigueur est que la faculté de réparer, le *jus reficiendi,* est beaucoup plus importante
que celle d'exercer le passage : on ne peut en effet
réparer un chemin sans entreprendre des travaux
souvent considérables et toujours incommodes sur le
fonds d'autrui. Il convient donc d'épargner aux voisins les désagréments qui résultent des réparations,
si le droit de les faire n'est pas clairement constaté.
C'est le motif qu'en donne Ulpien dans la même loi 3,
§ 13, à notre titre : *Qui vult reficere, aliquid novi
facit, neque debet ei in alieno permitti id moliri, nisi
vere habet servitutem.* Cet inconvénient n'existe plus
au même degré lorsqu'il s'agit de la servitude de passage : elle n'occasionne qu'une gêne peu grave et oné-
reuse pour le propriétaire servant qui en a déjà toléré
l'usage pendant toute l'année.

Si le possesseur était dans l'impossibilité de justifier de son droit, mais qu'il pourrait néanmoins faire preuve d'une longue possession, *habeat autem velut longæ possessionis prærogativam*, le préteur l'autoriserait à recourir à cet interdit.

Comme le *jus reficiendi* découle du droit de servitude, le demandeur n'aura qu'à prouver, comme nous le disions à l'instant, son *jus servitutis*, et ce sera au défendeur, s'il conteste le *jus reficiendi*, à combattre la présomption qui résulte de cette preuve. De même, lorsque le demandeur aura justifié de son droit ainsi que de la possession qu'il aura exercée dans l'année, non-seulement il devra être protégé contre tout trouble qui l'empêcherait de réparer le chemin, mais le juge serait tenu de lui attribuer la servitude, si par hasard il ne se trouvait pas en possession au moment où il intente son action.

Cet interdit produit donc, sous ce rapport, le même effet que l'action confessoire; il en diffère en ce que celle-ci est recevable, alors même qu'il n'y a pas *possessio juris*, tandis que l'interdit *de via reficienda* ne l'est pas, si l'on est à la fois propriétaire et possesseur de la servitude. Le jurisconsulte Paul avait certainement en vue cet interdit particulier, lorsqu'il dit dans la loi 2, § 2, *de interd.*, qu'il existe certains interdits en quelque sorte pétitoires : *Quædam interdicta rei persecutionem continent;* et il ajoute : *veluti de itinere actuque privato, nam proprietatis causam continet hoc interdictum.* Il est évident que Paul entend parler de l'interdit *ut iter reficere liceat*, et il faut lire comme s'il y avait : *veluti de itinere actuque privato reficiendo.*

Les réparations se feront suivant les conditions et

le modo qu'aura déterminé le titre constitutif, s'il y en a un. En tout cas, on ne devra jamais aggraver la position des propriétaires obligés de les supporter. Elles consistent seulement à remettre les choses dans leur ancien état, *ad pristinam formam reducere*, c'est-à-dire que le propriétaire de la servitude doit laisser au chemin ses dimensions antérieures, sans qu'il puisse pratiquer des travaux qui auraient pour effet de l'agrandir ou de le diminuer, de l'abaisser ou de l'exhausser (D., L. 3, § 15, *h. tit.*). Toutefois la loi 11, *commun. præd.*, autorise l'exhaussement lorsqu'il est indispensable pour détourner l'eau, quand le chemin est sur le point d'être submergé, ou simplement menacé d'être envahi par elle.

Si le propriétaire servant empêchait qu'on conduisît les matériaux nécessaires à la réparation, l'interdit *de reficienda via* ferait triompher de sa résistance, pourvu que celui qui l'intente n'ajoute point encore aux charges qui pèsent sur le voisin, en transportant par exemple ces matériaux par un chemin beaucoup plus long, *ut deteriorem causam eundi faciat*. Il doit viser en effet à causer le moins de préjudice possible au propriétaire assujetti ; sinon, il existerait contre lui une fin de non-recevoir : *impune vis fiet* (D., L., *h. tit.*).

Le demandeur doit en outre fournir caution à raison du dommage qui pourrait résulter des travaux de réparations, *de vitio operis cavere debet* (D., 5, § 4, *h. tit.*).

### 3° *De l'interdit* DE AQUA COTTIDIANA.

Cet interdit protégeait celui qui avait eu la jouissance d'une conduite d'eau dans le cours de l'année actuelle, pourvu qu'il n'en ait usé *nec vi, nec clam, nec precario*. Voici d'ailleurs quelle était sa formule : *Uti hoc anno aquam qua de agitur, non vi, non clam, non precario, ab illo duxisti, quominus ita ducas, vim fieri veto.*

Cet interdit s'appliquait à l'*aqua cottidiana*, c'est-à-dire à l'eau dont l'usage peut être journalier, et exister en toute saison, bien qu'ordinairement on ne s'en serve guère l'hiver. On l'opposait à l'*aqua æstiva*, qui s'entend spécialement de cette eau dont on n'a besoin que pendant l'été ; c'est à cause de cette destination particulière qu'elle a été ainsi désignée, comme on dit vulgairement : vêtements d'été, quartiers d'été, etc., parce qu'on s'en sert principalement l'été (D., L. 1, § 3, *de aqua cott. et æstiv.*).

Il est à remarquer que l'interdit *de aqua* n'était recevable que lorsqu'il s'agissait d'une eau vive et courante, l'*aqua perennis*, comme l'eau de source, et il ne s'étendait point à celle qui coulait avec intermittence ou à l'eau souterraine, comme celle de citerne, qui était trop basse au-dessous du niveau du sol pour être conduite sur un fonds au'moyen d'un aqueduc (D., L. 5, §§ 5 et 6, *h. tit.*). D'après le jurisconsulte Labéon, les eaux thermales pouvaient être utilisées, et, dans ce cas, si elles avaient été l'objet d'une quasi-possession utile, l'interdit *de aqua* la protégeait contre tous ceux qui y portaient atteinte.

Selon toute probabilité, cet interdit n'avait trait, à l'origine, qu'à l'irrigation des propriétés rurales ; mais plus tard on l'étendit à la possession de tous les cours d'eau, et on alla même jusqu'à l'appliquer aux conduites d'eau accordées pour l'utilité des personnes.

C'est ainsi que l'on ne faisait plus de distinction entre les conduites qui existaient à l'extérieur ou à l'intérieur des villes (D., L. 1, §§ 11, 12, 13 et 14, h. tit.).

Il ne suffit pas d'avoir une possession exempte de vices, elle doit être aussi de bonne foi ; il faut que le possesseur, comme nous l'avons vu, ait cru qu'il avait le droit de se servir de l'eau ; mais il importe peu que cette possession devienne vicieuse pendant la durée de l'année, bien entendu pourvu que le commencement n'ait été infecté d'aucun vice : *quod referri ad id tempus, quod sine vitio fuerit* (D., L. 1, § 20, h. tit.). Nous savons aussi que l'interdit *de aqua* serait recevable, quand bien même il n'y aurait eu dans l'année aucuns faits de jouissance : *licet penitus prospicientibus non videatur duxisse,* si le possesseur a exercé la conduite d'eau *nec vi, nec clam, nec precario* dans l'année précédente, et que, dans l'année actuelle, l'eau ait continué à couler naturellement, *aqua influxerit ipsa sibi.*

Le droit que vous avez d'intenter l'interdit *de aqua* se conserve, quelle que soit la manière dont vous faites usage de la servitude, puisqu'il suffit d'en avoir usé au moins une fois. Mais, dans ce cas, vous serez obligé de vous conformer dans votre demande au mode d'exercice dont vous vous êtes servi ; aussi, lorsque vous croyez n'avoir le droit de prendre de l'eau que tous les cinq jours et que vous actionniez comme si vous pouviez en prendre de deux jours l'un, vous seriez mal fondé dans votre demande (D., L. 1, § 22, h. tit.).

Si le mode d'exercice est plus étendu que celui qui avait été établi par le titre constitutif de la servitude, nous avons déjà dit que la quasi-possession de ce nouveau mode ne serait d'aucune utilité, et que l'intérêt *de aqua* ne s'y appliquerait pas. Il pourrait même se faire que cet exercice irrégulier allât jusqu'à préjudicier à la quasi-possession utile. Si, par exemple, n'ayant le droit de vous servir que de l'eau d'une source, vous réunissez dans votre conduit l'eau d'une autre source, vous perdrez votre droit sur la possession de l'eau à partir de l'endroit où se confond l'eau des deux sources, car, à partir du point de jonction, il est impossible de séparer les deux eaux, et comme l'interdit *de aqua* n'est pas admissible pour cette prise d'eau que vous avez faite frauduleusement, vous perdez également le droit de l'intenter pour la prise d'eau correspondante. Il n'en serait pas ainsi relativement à la servitude d'abreuvoir. Celui qui a le droit de conduire à l'abreuvoir dix bœufs et qui en conduit quinze conserve la faculté de mener boire son troupeau de dix bœufs, parce qu'un troupeau est composé de plusieurs têtes, et qu'il est possible de faire abstraction de celles qui excèdent le nombre déterminé par le titre constitutif (D., L. 1, §§ 17, 18, 22, *h. tit.*).

Si l'on ne peut, en vertu de cet interdit, prendre d'autre eau que celle dont on s'est servi dans l'année, on a certainement le droit de conduire cette eau à n'importe quelle partie du fonds, et même la diriger sur un champ contigu au sien, qu'on viendrait d'acheter, pourvu qu'on ne consomme pas une plus grande quantité d'eau (D., L. 1, § 10, *h. tit.*); autrement, il y aurait aggravation illicite de la servitude (D., L. 24, *de serv. præd. rustic.*).

Cet interdit est donné contre tous ceux qui troublent

l'exercice de la prise d'eau soit en faisant des fouilles, des barrages ou autres ouvrages qui empêchent de conduire l'eau : *Ne quid in illo fundo faciat, fodiat, ferat, succidat, putet, œdificet, quare ex re ea aqua quam ille hoc anno per fundum tuum sine vitio duxit, inquinetur, vitietur, corrumpatur, deteriore fiat* (D., L. 1, § 27).

Dans le cas où il y aurait contestation entre deux riverains sur la possession de l'aqueduc, ils sont tous deux en droit d'alléguer leurs faits de jouissance, et l'interdit sera double, puisque chaque partie jouera le rôle de demandeur et de défendeur : *duplex interdictum utrique competit.*

Les mêmes règles que nous avons trouvées établies pour la servitude de passage relativement à la restitution *in integrum* et à l'*accessio temporis* sont ici applicables. C'est ainsi que le préteur ne tiendra pas compte d'un défaut de jouissance qui résulterait de la violence exercée contre vous; et que les héritiers, les acheteurs, les *bonorum possessores* seront autorisés à invoquer la possession de l'*auctor* (D., L. 1, § 23 et § 27).

Si le demandeur succombe au possessoire, il devra donner caution de ne pas user de la servitude d'aqueduc, jusqu'à ce que le jugement définitif ait décidé laquelle des deux parties était propriétaire du *jus aquæ ducendæ*. De même, si le demandeur triomphe, le défendeur s'engagera à ne pas troubler sa jouissance, *quamdiu de jure suo doceat.*

L'indemnité qui est due au possesseur de la servitude dont le juge a prononcé la maintenue en possession devra se baser sur l'intérêt qu'il avait à n'être point troublé dans l'exercice de son droit.

#### 4° *De l'interdit* DE AQUA ÆSTIVA.

Le préteur disait : *Uti priore æstate aquam, qua de agitur, nec vi, nec clam, nec precario, ab illo duxisti, quominus ita ducas, vim fieri veto. Inter hæredes, emptores et bonorum possessores interdicam.*

Cet interdit différait du précédent en ce qu'il ne concernait que l'eau d'été, c'est-à-dire celle dont on n'a besoin que l'été, ou qui ne peut être conduite que pendant cette saison à cause de la nature des terrains ou pour tout autre motif, et qu'il suffisait d'avoir exercé *nec vi, nec clam, nec precario* la servitude de prise d'eau uniquement pendant l'été précédent, *priore æstate*.

Par été précédent, il faut entendre celui qui a précédé cet été même où l'on se trouve quand on intente l'interdit, ce qui compose deux étés. Or, comme l'été, d'après la définition donnée par les jurisconsultes romains, embrasse une période de six mois, c'est tout l'espace de temps qui s'écoule depuis l'équinoxe du printemps jusqu'à l'équinoxe d'automne; il en résulte que si l'interdit *de aqua æstiva* est intenté le dernier jour de l'été présent, l'action peut comprendre un acte de jouissance accompli il y a dix-huit mois, en supposant que cet acte ait eu lieu au commencement du printemps de l'année précédente. Ulpien porte même l'étendue à deux ans, si elle venait à être intentée pendant l'hiver; mais serait-on bien alors dans les termes de l'édit, qui ne parle que de l'été précédent? (D., L. 1, §§ 32, 33 et 34, *h. tit.*).

Si la prise d'eau ne remontait qu'à l'été actuel, il y aurait lieu non pas à l'interdit direct, mais à un interdit utile *de aqua*. Il en serait de même si l'on avait l'habitude de ne conduire de l'eau que l'hiver (D., L. 1, §§ 35, 36, *h. tit.*).

L'objet de cet interdit est également d'empêcher qu'on entrave le libre exercice de la servitude, et de faire obtenir la réparation du dommage causé.

L'action passe aux héritiers et autres successeurs dans les mêmes conditions que l'interdit précédent. La loi 1, § 38, fait mention d'un troisième interdit, *de aqua quæ ex castello ducitur*, par lequel le préteur défend de troubler celui qui a reçu l'autorisation de prendre l'eau à un réservoir public, et qui en use selon la teneur de la concession. Un motif d'équité l'a fait établir dans l'intérêt des concessionnaires ; mais il n'est point possessoire, puisque ceux-ci sont fondés à l'intenter dès qu'ils sont autorisés par le prince. Le possessoire et le pétitoire se jugent alors en même temps ; il n'y a qu'un point de fait à décider : y a-t-il ou non autorisation ? *Meminisse autem debemus in hoc interdicto totam quæstionem finiri assignationis* (D., L. 1, §§ 38, 39, 40 et suiv. *h. tit.*). Ce même interdit permettait aux concessionnaires de faire à l'aqueduc les réparations nécessaires, à la condition de fournir la caution *damni infecti*, pour répondre de tout dommage s'il y a lieu : *Quandoque de opere faciendo interdictum erit, damni infecti caveri jubebo.*

### 5° De l'interdit DE RIVIS.

L'interdit *de rivis* avait été accordé par le préteur pour permettre au possesseur du *jus aquæ ducendæ* de faire les réparations que nécessitaient les conduites d'eau ; il était ainsi conçu : *Rivos, specus, septa refi cere purgare, aquæ ducendæ causa quominus liceat illi dum ne aliter aquam ducat, quam uti priore æstate non vi, non clam, non precario a te duxit, vim fieri velo.*

Il suffisait d'avoir joui *nec vi, nec clam, nec precario*, soit pendant l'été précédent, soit même pendant l'année, *si modo aut priore æstate aut eodem anno aquam duxerit*, pour avoir le droit de l'exercer sans qu'il fût nécessaire de prouver, comme dans l'interdit *de via reficienda*, qu'on avait le *jus reficiendi*. La raison qu'en donne la loi 4 à ce titre, c'est que la réparation des chemins est d'une utilité moins urgente que le rétablissement des conduites d'eau, car l'usage de l'eau est indispensable pour les besoins de l'homme : *quando non refectis rivis omnis usus aquæ auferretur, et homines siti necarentur;* tandis qu'un chemin, quoique en mauvais état, n'est pas cependant tout à fait impraticable, et il est rare d'ailleurs qu'on ne puisse pas y passer l'été : *at non refecto itinere, difficultas tantum eundi agendique fieret, quæ temporibus æstivis levior esset.*

Les réparations doivent se faire dans les mêmes conditions que celles qui sont relatives aux chemins. Il est permis de transporter et de conduire sur le fonds d'autrui tous les matériaux nécessaires, pourvu qu'on n'aggrave pas la servitude : ainsi on n'aurait pas le droit de changer la direction du canal, ou de lui donner d'autres dimensions, et même de substituer un ouvrage en maçonnerie là où il n'existait pas : *non enim reficit, qui hoc facit.* Il y avait doute néanmoins lorsqu'il s'agissait de couvrir ou de découvrir un ruisseau. On décidait généralement qu'il fallait consulter

surtout l'intérêt du propriétaire assujetti. Si ce changement constituait pour lui un préjudice considérable, *si deterior fit fundus*, il avait droit de s'y opposer. Il en était de même s'il y avait convention contraire dans le titre constitutif de la servitude. C'était
au juge à apprécier ces questions de fait selon les circonstances.

Celui qui faisait les réparations devait également
fournir caution *damni infecti* pour garantir l'indemnité qu'il y aurait à allouer en cas de préjudice causé
au fonds servant (D., L. 3, § 7, *h. tit.*). Si le propriétaire de ce fonds croit devoir s'opposer aux réparations, parce qu'il prétend que son adversaire n'a pas le
*jus aquæ ducendæ*, il ne pourra recourir à la dénonciation de nouvel œuvre, puisqu'il serait absurde d'interrompre une réparation qu'ordonne le préteur : ce
serait d'actionner son adversaire au pétitoire et d'intenter l'action négatoire par laquelle il prouverait
l'inexistence de la servitude (1).

#### 6° De l'interdit DE FONTE.

Voici les termes de sa formule : *Uti de eo fonte quo
de agitur, hoc anno aqua nec vi, nec clam, nec precario, ab illo usus es, quominus ita utaris, vim fieri
veto. De lacu, puteo, piscina item interdicam.*

Cet interdit a pour objet d'empêcher de troubler

---

(1) On a soutenu que le propriétaire qui intente l'action négatoire
n'avait pas besoin de prouver l'inexistence de la servitude, parce qu'elle
se présume naturellement : il n'aurait qu'à faire la preuve de sa propriété. Mais Ulpien, dans la loi, 25, *de operis novi nuntiat.*, déclare
formellement que le demandeur, dans l'action négatoire, a une preuve
à faire relativement à l'existence de la servitude, et ce n'est qu'au cas
où le défendeur ferait défaut qu'il serait à son tour chargé du fardeau

dans l'exercice de son droit de puisage celui qui en a joui *neo vi, neo clam, neo precario* pendant l'année. Il avait été également étendu au droit d'abreuvoir.

Il ne s'appliquait qu'à de l'eau vive, quel que soit l'endroit où elle était tirée : *Denique constat interdictum cessare, si lacus, piscina, puteus vivam aquam non habeat* (D., L. 1, § 4, *de fonte*).

Comme le droit de passage est un accessoire indispensable de la servitude de puisage, celui qui serait troublé dans l'exercice de son droit de passage pourrait recourir à cet interdit pour faire cesser ce trouble (D., L. 1, § 5, *eod. tit.*).

### 7° *De l'interdit* UT FONTEM REFICERE LICEAT.

Le droit de réparer et de curer les fontaines où s'exerçait la servitude de puisage devait aussi faire l'objet d'un interdit spécial : nous le trouvons dans la loi 1, §6, à ce titre : *Quominus fontem quo de agitur, purges, reficias, ut aquam coercere, utique ea possis; dum, ne aliter utaris, atque uti hoc anno non vi, non clam, non precario ab illo usus est, vim fieri veto.*

Cet interdit s'exerçait dans les mêmes conditions que les interdits précédents, qui avaient pour objet la réparation des chemins ou des canaux servant aux conduites d'eau; nous nous contentons de renvoyer à ce qui a été dit à cet égard. La réparation du chemin qui donnait accès à la servitude de puisage était protégée au moyen de cet interdit.

de la preuve. Qu'on ne dise pas que la preuve d'un fait négatif est impossible : elle se résout facilement en une affirmation. Le défendeur sera sommé de dire comment il a acquis cette servitude, et le demandeur prouvera qu'elle n'a pu s'acquérir de cette façon.

Nous terminons ici l'analyse de chacun de ces interdits spéciaux; il nous reste à voir s'ils doivent être
étendus à celles des servitudes *in faciendo,* pour lesquelles il n'a pas été créé d'interdit particulier; ou, si
cette application ne peut se faire, les interdits ordinaires *retinendæ possessionis* sont-ils recevables en
cette matière?

Et d'abord, il est difficile d'admettre que ces interdits
spéciaux puissent s'approprier à des cas non prévus
par la loi. Leur origine, leurs caractères, leur objet
spécial et leurs conditions d'application ne permettent
point qu'on étende par analogie des moyens possessoires qui, par leurs formules et les causes qui les produisent, sont nécessairement restrictifs. La généralité
des termes de la loi 20, au Dig., *de servit. ideoque interdicta retuti possessoria constituta sunt,* ne signifie
point que chaque servitude doit être armée d'une
action spéciale d'un interdit quasi-possessoire. Il faut
entendre cette pensée du jurisconsulte Javolénus
d'une façon beaucoup moins générale, et se convaincre qu'il n'a voulu que constater l'existence des
moyens de droit possessoire en notre matière, c'est-
à-dire de ceux qui avaient été établis et réglementés
par les préteurs.

Quant à l'interdit *uti possidetis,* bien que l'on se
soit accordé généralement à l'appliquer aux servitudes
de notre classe, en se fondant sur cette même loi 20
que nous venons de citer, nous croyons cependant, avec
M. de Savigny, qu'il ne saurait être invoqué par les
possesseurs de ces servitudes, et que l'action confessoire est la seule voie à prendre pour faire reconnaître
son droit. Nous avons dit en effet qu'il n'était point

possible d'argumenter des termes de la loi 20, qui, du reste, se rapporte plus aux interdits spéciaux qu'aux interdits ordinaires, et qu'aucunes sources de droit n'autorisaient cette application. Si l'on a refusé cette application à ces servitudes qui ont le privilége d'être protégées par les interdits spéciaux, c'est qu'elles offraient un caractère de discontinuité qui résistait à l'emploi de l'interdit *uti possidetis.* Est-ce que ce caractère n'existe pas au même degré chez les servitudes de notre classe, et ne doit-il pas également faire obstacle à cette application particulière? autrement il en résulterait cette anomalie, que les servitudes qui semblent avoir été le plus favorisées par la création d'interdits spéciaux se trouveraient, par le fait, dans une condition inférieure aux autres, puisque, pour les unes, l'interdit n'est admissible que lorsqu'il s'agit d'une quasi-possession consacrée et caractérisée par un certain nombre d'actes de jouissance accomplis dans le cours d'une année, tandis que ces servitudes beaucoup moins importantes qui sont privées du bénéfice des interdits spéciaux n'avaient qu'à être l'objet d'une possession actuelle qui ne s'était affirmée peut-être que par un seul fait de jouissance, pour avoir droit aussitôt à la protection possessoire. Les interdits possessoires étant positifs, dit M. de Savigny, l'interdit *uti possidetis* n'est point recevable, car ce serait étendre une règle à des cas pour lesquels elle n'est pas faite. M. de Vangerow est aussi de cet avis; il est vrai qu'il en donne un de ces motifs qui sembleraient contester l'utilité des interdits possessoires pour toutes les servitudes constituées par titre, puisqu'il décide qu'il n'y a pas à se préoccuper de l'interdit *uti possi-*

*detis*, dès lors que le possesseur sera toujours obligé d'en venir à prouver l'existence de son droit, s'il veut que la possession lui reste. Nous savons cependant que c'est un des avantages les plus importants de la possession d'être déchargé du fardeau de la preuve, et que c'est à l'adversaire qui a succombé au possessoire à prouver la propriété de la servitude qu'il dispute au possesseur. Il est clair que les moyens possessoires auraient leur raison d'être même dans le cas de ces servitudes qui ne sont point protégées par des interdits spéciaux, et il y aurait lieu de s'étonner de cette lacune si nous ne savions que ces servitudes occupaient une place fort secondaire dans la législation romaine, soit qu'elles fussent peu en usage, ou qu'elles fussent le plus souvent réglées par des titres qui en précisaient l'exercice, et qu'alors les contestations auxquelles elles pouvaient donner matière dussent naturellement faire l'objet d'actions *in rem*.

Si les interdits quasi-possessoires ont pour but le maintien de la possession, existe-t-il des interdits *recuperandœ possessionis* pour la recouvrer, dans le cas où elle serait susceptible d'être perdue par la violence ou autrement ? On ne peut guère concevoir une véritable dépossession, une déjection quelconque pour les servitudes *quœ in faciendo consistunt ; nec de via quis detruditur* (D., L. 4, § 27, *de usurp.*). La déjection s'applique à une chose corporelle, mais non à un droit qu'on peut vous empêcher d'exercer sans qu'il soit possible de dire qu'il y a dépossession.

Quant à l'interdit *de precario*, il sera à peu près superflu, puisque le concédant qui veut retirer le droit de servitude qu'il a concédé en vertu d'un *precarium*

peut le faire au moyen de l'interdit *uti possidetis*.
D'ailleurs cet interdit ne concerne que la restitution
d'une chose remise à un autre. Le *habere precario* se
conçoit, d'après M. de Savigny, pour chaque *jus in
re* ; mais il n'en est pas ainsi du *restituere precarium*
(Savigny, *de la Poss.*, § 40, note 1, page 470).

## SECTION II.

### DES INTERDITS RELATIFS AUX SERVITUDES POSITIVES QUI CONSISTENT *in habendo*.

La quasi-possession de ces servitudes se confond en
quelque sorte avec la possession du fonds dominant,
dont elles ne sont que des qualités, des modifications
avantageuses au point de vue de son agrément et de
son utilité, en sorte que le trouble apporté à l'exercice de ces servitudes porte également atteinte à la
possession du fonds ; il n'y avait donc point de motifs
d'exclure l'interdit *uti possidetis*, qui, en protégeant
la quasi-possession de la servitude, protégeait en
même temps la possession du fonds. Cette application
paraît d'autant plus naturelle que l'on a insisté davantage à placer en dehors de celle-ci la possession des
cloaques, qui, par leur nature, appartiennent à notre
classe. A quoi bon déclarer que l'interdit *uti possidetis*
ne sera pas ici applicable, et qu'il faudra recourir à
un interdit spécial, si ce n'est parce que l'interdit *uti
possidetis* était généralement admissible en cette
matière? Au surplus, la loi 8, § 5, *si servit. vind.*, déclare expressément, en mentionnant une servitude qui

consiste *in habendo*, le *jus fumum immittendi*, que cet interdit est recevable toutes les fois où l'on est troublé dans l'exercice de son droit : *Sed et interdictum uti possidetis poterit locum habere, si quis prohibeatur, qualiter velit, suo uti.*

De même, la loi 3, §§ 5 et 6, *uti possidetis*, ne permet point de douter que l'interdit *uti possidetis* ne reçoive ici son application. Dans ces textes, le jurisconsulte Cassius décide à tort, dans l'espèce qui fait l'objet de cette loi, que l'interdit *uti possidetis* n'est pas nécessaire pour le cas prévu ; mais il ne dit point que l'emploi n'en peut avoir lieu. D'ailleurs, Labéon réfute l'opinion émise par Cassius relativement à l'opportunité de cet emploi : *Item videamus, si projectio supra vicini solum non jure haberi dicatur an interdictum uti possidetis sit utile alteri adversus alterum? Et est apud Cassium relatum utrique esse inutile, quia alter solum possidet, alter cum œdibus superficiem.* Ainsi, celui qui a une saillie sur le fonds du voisin n'a pas besoin, d'après Cassius, d'exercer l'interdit *uti possidetis* s'il est troublé par le propriétaire du fonds servant, et celui-ci n'est pas non plus obligé de l'intenter, sous prétexte que cette servitude porte atteinte à la possession de son fonds, parce que l'une conserve entière la possession du sol, et l'autre celle de la superficie , mais non pas, ce qui n'est pas dans la pensée du jurisconsulte, parce que l'interdit *uti possidetis* est inapplicable aux servitudes *quœ in habendo consistunt.* Labéon, comme nous le disions, relève cette erreur de Cassius, qui s'imagine qu'il n'y a pas là un trouble à la possession respective de chaque partie, et décide au contraire que le propriétaire du

fonds servant intentera l'interdit *uti possidetis* pour
se faire maintenir dans la libre possession de son
fonds, et le possesseur de la servitude l'intentera
également pour se faire maintenir dans son exercice :
*Labeo quoque scribit : « Ex ædibus meis in ædes tuas*
*projectum habeo, interdicis mecum sic : uti locum*
(au lieu de *si eum locum,* telle est du moins la leçon
transmise par la critique et l'exégèse allemande) *pos-*
*sideamus quo projecto tegetur, at* (au lieu de *an,*
mêmes sources) *quo facilius possim retinere posses-*
*sionem ejus projectionis interdico tecum sic : uti*
*nunc possidetis eas ædes ex quibus projectum est... »*
Cujas a proposé de concilier ces deux textes, en con-
seillant de lire *utile* au lieu de *inutile;* mais cette rec-
tification est indifférente pour la question que nous
nous sommes posée.

On s'est demandé si l'interdit *uti possidetis* ne devait pas, dans ce cas, subir une modification dans sa
formule. On a dit, en effet, que dans la rédaction ordinaire de l'interdit *uti possidetis,* chaque partie prétendait réciproquement à la possession du fonds, et il
en résultait que chaque prétendant jouait à la fois le
rôle de demandeur et de défendeur. En est-il ainsi
lorsqu'il y a contestation sur la quasi-possession de la
servitude? non; il n'y a pas identité absolue dans leurs
prétentions respectives; on ne conteste la possession
que sous un certain rapport. Le possesseur de la servitude ne prétend pas à la possession du fonds tout
entier, il réclame seulement la libre jouissance d'un
des éléments du *dominium,* d'un démembrement de
ce fonds. Quant au propriétaire servant, il ne demande
qu'à conserver la possession intacte de son immeuble

et n'entend nullement contester la possession du fonds
dominant, et, par conséquent, il doit jouer le rôle de
défendeur relativement au possesseur de la servitude.

Toutefois nous ne rencontrons aucun texte sur
lequel puisse s'appuyer cette opinion. S'il est vrai qu'il
n'y a pas réciprocité dans les prétentions de chaque
partie, comme dans le cas où il y a contestation sur la
possession d'un immeuble, il faut reconnaître cependant que la servitude, s'identifiant avec le fonds dominant, celui qui s'élève contre l'exercice de cette servitude est censé contester la possession du fonds, et,
sous ce rapport, l'interdit peut être double. D'ailleurs
il arrivera le plus souvent, comme dans l'hypothèse
prévue par la loi 3, §§ 5 et 6, *uti possidetis,* que le propriétaire du fonds contre lequel le possesseur de la servitude intente l'interdit *uti possidetis* répliquera, de
son côté, sous forme reconventionnelle, par l'exercice
de cet interdit, dans lequel il énoncera ses prétentions, et, l'instance étant ainsi engagée, il sera facile au
juge de prononcer sur leur possession respective.

L'interdit *unde vi* ne s'appliquait pas non plus aux
servitudes qui consistent *in habendo ;* car le trouble le
plus grave qu'on pouvait subir n'enlevait point la possession du fonds dominant. Si l'adversaire venait à détruire les ouvrages extérieurs au moyen desquels
s'exerçait la servitude, le possesseur aurait droit de
recourir à l'interdit *quod vi aut clam.* Celui-ci était
donné dans l'année contre celui qui, soit violemment,
soit clandestinement, avait détruit des ouvrages inhérents au sol ou commis quelque entreprise préjudiciable au voisin soit sur son propre fonds ou sur le
fonds de ce dernier. Bien que cet interdit ne fût pas

possessoire, il permettait d'obtenir réparation du dommage causé, et protégeait le possesseur contre les troubles violents auxquels il était exposé.

Un interdit spécial *de cloacis* avait été créé pour garantir la possession des cloaques. Des motifs d'intérêt public avaient fait établir cette dérogation en faveur de ces servitudes particulières (D., L. 1, *de cloacis*).

Le cloaque ou l'égout est un lieu souterrain par lequel on fait couler toutes sortes d'immondices, *per quem colluvies quædam fluat*. Le possesseur de cet égout était assuré par cet interdit de pouvoir le curer et le réparer sans être entravé dans cette opération. Il a droit d'effectuer ces travaux sur tout le parcours de l'égout, et à cet effet il peut pénétrer dans les maisons traversées par l'égout, et, au besoin, percer les murs et dépaver les cours, sauf à indemniser les propriétaires qui souffrent du préjudice. Aussi le possesseur est-il obligé de fournir la caution *damni infecti*, à moins qu'il ne rétablisse les lieux dans leur état primitif (D., L. 1, §§ 11 et 12, *de cloacis*).

Cet interdit s'étendait également à la construction de nouveaux égouts : *Ne facienti cloacam vis fiat, quia eadem utilitas sit* (D., L. 2, *h. tit.*).

Il avait cela de particulier, qu'il était recevable alors même que la possession du *jus cloacæ* n'eût pas été exempte de vices. Le préteur avait accordé cette dispense dans un but de salubrité publique, pour favoriser et encourager le bon entretien des égouts : *Quia cloacarum refectio et purgatio ad publicam utilitatem spectare videtur*..... (L. 1, §§ 2 et 7, *h. tit.*).

La dénonciation de nouvel œuvre n'était pas recevable contre le possesseur de l'égout, qui pouvait conti-

nuer ses travaux sans se préoccuper de la défense faite
par le dénonçant.

## SECTION III.

### DES INTERDITS RELATIFS AUX SERVITUDES NÉGATIVES.

Si les servitudes négatives sont susceptibles de possession, pourquoi ne seraient-elles pas protégées dans
leur exercice par des moyens de droit possessoires?
Sans doute les interdits spéciaux ne pourront s'y appliquer, puisque le caractère restrictif de ces interdits
s'oppose à toute extension; mais pourquoi ne seraient-
elles pas l'objet d'une protection possessoire de même
nature que les servitudes qui consistent *in habendo?*
Ne sont-elles pas, comme celles-ci, des qualités et des
modifications du fonds? leur quasi-possession ne se
confond-elle pas de la même manière avec la possession du fonds dominant? Il est donc logique et conséquent de leur appliquer l'interdit *uti possidetis.* Sans
doute le possesseur y aura rarement recours, car le
possesseur a, comme nous allons le voir, des moyens
aussi énergiques et aussi efficaces qui lui permettent
de repousser tout trouble apporté à sa jouissance; et
comme, le plus ordinairement, sa possession a son fondement dans un titre constitutif, il préférera prendre la
voie pétitoire et intenter immédiatement l'action confessoire. Mais il importe peu, au point de vue théorique, de savoir s'il a, oui ou non, intérêt à exercer cet
interdit; il s'agit surtout de savoir s'il est applicable;
et, la question ainsi posée, nous pensons qu'il y a lieu
de l'admettre.

Quant aux autres moyens qui sont à la disposition

du possesseur, ils consistent dans l'emploi de l'interdit *quod vi aut clam*, et de la dénonciation du nouvel œuvre, lorsque le trouble résulte de l'établissement d'ouvrages qui empêchent la servitude négative de s'exercer. Si, par exemple, le propriétaire grevé de la servitude de ne pas bâtir vient à élever des constructions sur son sol, celui en faveur duquel existe ce droit aura la faculté de les faire démolir, sans avoir à justifier de son droit ou de sa possession : il lui suffirait de prouver que l'auteur du nouvel œuvre avait agi au mépris de ses prohibitions ou clandestinement; de plus, il était indemnisé de tout le préjudice que pouvaient lui avoir occasionné les constructions faites indûment par le propriétaire assujetti : *Oportere fieri restitutionem judicandum est, ut in omni causa eadem conditio sit actoris, quæ futura esset, si id opus de quo actum est, neque vi neque clam factum esset* (D., L. 15, § 7, *quod vi aut clam*).

Si les travaux sont en cours d'exécution, le possesseur de la servitude peut intenter la dénonciation de nouvel œuvre qui avait pour effet de suspendre les travaux. S'il y avait, malgré la défense du dénonçant, continuation du *novum opus*, celui-ci obtenait du préteur un interdit restitutoire au moyen duquel il faisait rétablir l'état de choses existant au moment de la dénonciation (D., L. 20, §§ 1, 2, 3, 4 et suiv., *de operis novi nunciat.*). Remarquons que cette action n'était point possessoire ; elle transportait au contraire la possession du dénonçant au dénoncé. Le *nunlians*, devenu demandeur, était obligé de prouver l'existence de la servitude.

# DROIT FRANÇAIS.

## CHAPITRE I.

### NOTIONS GÉNÉRALES SUR LA POSSESSION ET LES ACTIONS POSSESSOIRES.

#### SECTION I.

##### DE LA POSSESSION REQUISE POUR DONNER LIEU AUX ACTIONS POSSESSOIRES.

Nous avons étudié en droit romain la nature, les éléments et les caractères constitutifs de la possession; nous avons vu quelles étaient les règles qui présidaient à son acquisition, à sa perte et à sa conservation, et nous avons ensuite déterminé les conditions auxquelles elle devait satisfaire pour rendre recevables les interdits possessoires. Cette théorie, qui avait reçu tout son développement de l'esprit d'analyse des jurisconsultes, ne se trouve pas formulée chez nous telle qu'elle était à Rome. La possession occupe une place fort restreinte et très-secondaire dans notre code civil, qui n'en traite qu'accessoirement à la prescription, dont elle est comme la base et le fondement. Mais il n'y est point question de la manière dont elle s'acquiert, se

conservo et se perd, ni des qualités qu'elle doit réunir
pour mettre en mouvement les actions possessoires.
Si le code de procédure comble en partie cette lacune
en ce qui concerne du moins l'exercice de ces actions,
il existe un grand nombre d'autres points qui n'ont
pas été l'objet d'une réglementation spéciale. Il est
vrai que les principes du droit romain peuvent à bon
droit suppléer au silence des textes; reposant en effet
sur la nature, l'essence même de la possession, ils
n'ont rien perdu de leur autorité en cette matière, et
c'est à ces mêmes principes qu'il faut nous reporter
si nous voulons expliquer les phases successives de sa
formation. Les règles que nous avons déjà exposées
sur la détermination, le concours et l'évolution des
deux éléments essentiels de toute possession dans les
diverses transformations qu'elle a à subir, reçoivent
ici leur application naturelle, soit qu'il s'agisse de son
acquisition, de sa perte ou de sa conservation. Notons
toutefois que, dans le cas où la possession est acquise
par voie de transmission, il n'est pas nécessaire, d'après
les principes nouveaux de notre droit civil, qu'il y ait
eu tradition ou actes équivalents, car elle se transfère
comme la propriété, *solo consensu* (arg. du Code civil,
art. 711 et 1138). La délivrance ne transmet la possession que lorsque la chose est indéterminée (C. civ.,
1585). De même, si la possession en matière immobilière se conserve également dans notre code *solo animo*, et qu'elle ne soit pas perdue par le fait seul de
l'usurpation d'un tiers, cependant, lorsque l'ancien
possesseur aura laissé passer une année sans rentrer
en jouissance de son immeuble, ou sans former d'action pour s'y faire réintégrer, il devra être considéré

comme ayant perdu la possession, sans qu'il y ait à distinguer, suivant le système de la législation romaine, s'il avait eu ou non connaissance de l'usurpation, et s'il avait tenté ou non de recouvrer sa chose (C. civ., 2243). La Cour de cassation a même décidé que, dans ce cas, l'expiration de ce terme entraînerait inévitablement la perte de la possession, bien qu'il ne puisse s'élever aucun doute sur l'existence de l'*animus* et que le possesseur ait manifesté l'intention de s'y maintenir, par l'accomplissement de certains actes juridiques, comme le paiement des contributions (C. de cass., 20 mai 1851 ; Sirey, 51, 1, 812). Mais, sauf ces quelques modifications, qui résultent des innovations apportées par la législation nouvelle, les règles et les principes sont les mêmes, et nous nous bornons en conséquence à renvoyer aux explications dans lesquelles nous avons cru devoir entrer au commencement de cette thèse. Aussi définirons-nous la possession, comme précédemment, la réalisation de la puissance de l'homme sur la matière, ou, selon les expressions plus élevées et plus philosophiques de M. Molitor, l'empire que la volonté de l'être pensant et libre exerce sur les choses du monde extérieur en leur communiquant l'empreinte de son inviolabilité.

Il y a, nous le savons, deux sortes de possession : la possession purement physique et matérielle, ou simple détention qui consiste dans le fait d'avoir la chose à sa disposition, sans aucune intention de la posséder à titre de maître, et la possession proprement dite, chez laquelle au contraire se rencontrent les deux éléments, le *corpus* et l'*animus*, l'élément matériel et l'élément moral, qui lui impriment son carac-

tère juridique. Cette distinction se trouve implicitement comprise dans les termes mêmes de l'art. 2228,
qui nous donne la définition de la possession : « La
possession est la détention ou la jouissance d'une chose
ou d'un droit que nous tenons ou que nous exerçons
par nous-mêmes, ou par un autre qui la tient ou qui
l'exerce en notre nom. »

Cependant plusieurs auteurs estimables, et entre
autres M. Troplong (*de la Prescription*, n° 218), prétendent que la loi n'a eu en vue dans cet article que la
simple détention, puisqu'elle ne fait point mention
de l'élément intentionnel qui caractérise la possession
juridique, c'est-à-dire de la volonté de posséder à titre
de maître. Bien que la loi se soit servie du mot de *déten-*
*tion*, qui éveille effectivement l'idée d'un rapport purement physique entre la chose et le possesseur, nous
pensons toutefois qu'il s'agit ici d'une possession proprement dite plutôt que d'une détention matérielle,
puisqu'elle suppose, à la fin de l'art. 2228, que la possession peut être exercée par une autre personne que
le possesseur, sur la tête duquel réside en réalité la
possession proprement dite. Celui qui possède pour le
compte d'un autre est le détenteur, tandis que celui
au nom duquel la chose est détenue est le véritable
possesseur. Dès lors que la possession peut être exercée par l'intermédiaire d'un tiers, elle ne doit plus être
considérée comme une détention. D'ailleurs notre
article, ayant pour objet de la définir dans ses rapports
avec la prescription, ne pouvait manquer de s'appliquer à la possession à titre de maître, qui est nécessaire pour prescrire.

Nos rédacteurs ont rompu avec la tradition romaine

et même celle du droit coutumier, en ne distinguant pas la possession des choses corporelles de celle qui concerne les choses incorporelles, de la *quasi-possession*. Les droits, en effet, sont aussi susceptibles d'être possédés que les choses, et c'est l'exercice, la jouissance que nous en avons, comme dit la loi, qui constitue leur possession. Il est donc inutile de rappeler, à l'exemple de certains auteurs, cette terminologie, qui était plutôt fondée sur une difficulté de langage que sur la nature même de la possession. Mais nous ne confondons pas pour cela la *possessio corporis* avec la *possessio juris*; nous reconnaissons que ces deux possessions différentes et distinctes peuvent exister en même temps et séparément sur une seule et même chose; il est possible que l'un possède la chose principale, et un autre un démembrement quelconque de cette chose, un *jus in re*. Ainsi l'usufruitier est un détenteur précaire par rapport au nu-propriétaire, au nom duquel il détient le fonds; mais il est un véritable possesseur en tant qu'il possède pour lui-même le droit d'usufruit. Si la loi qualifie quelquefois de possession la détention de ceux qui tiennent la chose pour autrui (C. civ., art. 2230, 2231, 2238), ce n'est pas qu'elle entende les mettre sur le même pied d'égalité que les possesseurs à titre de maître, puisqu'elle les traite spécialement de détenteurs précaires lorsqu'elle en fait l'énumération (C. civ., 2236, 2239); il faut y voir tout au plus un manque de précision dans le choix des expressions dont elle se sert, et l'équivoque n'est nullement dans sa pensée, si elle peut exister dans les mots. Aussi M. Troplong a-t-il le tort d'argumenter de cette manière de s'exprimer pour soutenir que les fermiers et autres détenteurs précaires possèdent aussi véritablement que ceux qui peuvent se prévaloir de l'*animus sibi habendi* (*De la Prescription*, t. 1er, n° 230).

L'art. 2220 énonce les caractères que doit avoir la possession pour conduire à la prescription ; quant à celle qui peut donner ouverture aux actions possessoires, ce n'est que l'art. 23 du Code de procédure qui en détermine vaguement à cet effet quelques-unes des qualités exigées par l'art. 2220. D'où l'on s'est demandé s'il fallait compléter l'art. 23 du Code de procédure par l'art. 2220 du Code civil. Voici ce que contient cet art. 23 : « Les actions possessoires ne seront recevables qu'autant qu'elles auront été formées, dans l'année du trouble, par ceux qui, depuis une année au moins, étaient en possession paisible, par eux ou les leurs, à titre non précaire. » Ainsi, d'après cet article, la possession utile, pour obtenir les actions possessoires, doit présenter certainement ces deux caractères, à part la question d'annalité, à savoir : être paisible et à titre non précaire ; tandis que l'art. 2220 exige en outre une possession continue et non interrompue, publique et non équivoque. La plupart des auteurs s'accordent à reconnaître que ces qualités doivent être communes à l'une et à l'autre possession ; autrement il faudrait admettre, ce qui semble impossible, qu'une possession équivoque ou clandestine pourrait servir de base à l'action possessoire. D'ailleurs nous verrons que la possession annale de l'article 23 est en abrégé une sorte de prescription qui ne diffère de la prescription ordinaire que sous le rapport de la durée ; il est donc juste d'assimiler, sous le

rapport des qualités, la possession qui est le fondement de l'une et l'autre ; c'est là, du reste, l'intention évidente du législateur : « La connaissance des
actions possessoires, disait l'orateur du Tribunat à la
demande duquel on avait rédigé ce titre, fait partie
des attributions des justices de paix. Le Code sup-
plée, à cet égard, au silence de la loi de 1790 ; il dit,
comme l'ordonnance de 1667, que l'action possessoire
doit être formée dans l'année du trouble ; mais il ajoute,
ce que la jurisprudence seule avait établi, que celui
qui forme cette action doit être en possession depuis
un an au moins. La possession doit avoir été, durant
cet intervalle, continue, non interrompue, paisible,
publique, non équivoque et à titre de propriétaire.....
Quant aux règles qui concernent la possession, c'est
au Code civil qu'il faut se référer. » (Rapport fait par
M. Faure.—Locré, *Legisl. civ.*, t. XXI, p. 558, n° 11.—
Voir également Demolombe, t. XII, p. 273 ; Dalloz
aîné, n° 172, *Actions possess.*) Cependant M. Savigny
soutient un système contraire : d'après lui, il ne faut
ni étendre ni confondre les dispositions de l'art. 2229
et de l'art. 23 ; chacun d'eux doit être renfermé dans
sa sphère ; l'un règle les conditions de la possession
pour conduire à la prescription, et l'autre fixe les conditions pour donner ouverture à l'action possessoire ;
il en résulte seulement que le premier est plus ri-
goureux que le second (*Compétence administrative*,
n° 695). Cette opinion aboutit, comme nous venons de
le voir, à des conséquences inadmissibles, qui lui as-
surent peu de chances de succès.

Mais de ce que les caractères sont identiques dans
l'une et l'autre possession, il ne s'ensuit pas que les

actions possessoires ne soient recevables que là où la
prescription est possible. Ainsi il est certains biens
qui, bien qu'ils aient été déclarés imprescriptibles,
comme ceux des mineurs, et les immeubles dotaux de
la femme mariée sous le régime dotal, peuvent cependant être l'objet d'une possession utile à l'effet de faire
acquérir l'action possessoire. Les résultats étant
beaucoup moins graves dans un cas que dans l'autre,
on comprend aisément que la loi ait protégé contre la
prescription tels biens à raison de la qualité de leurs
possesseurs, sans qu'elle entende pour cela les soustraire aux effets de l'action possessoire.

Il importe de distinguer la possession ordinaire et
proprement dite de la saisine possessoire. Le droit
romain protégeait au moyen des interdits la possession actuelle, qui était exempte de vices ; mais le droit
français n'accorde cette protection qu'à celle qui s'est
prolongée pendant un certain délai, qui doit être
d'une année au moins. Cette possession annale, qui
constitue la saisine possessoire, a son origine, comme
nous aurons l'occasion de le voir, dans nos anciennes
institutions féodales ; le droit coutumier l'a consacrée, et nous l'a transmise avec les mêmes caractères. *Possessio quæritur momento, sed saisina* par an
et jour, disait Dumoulin sur l'art. 94 de la Coutume
de Paris. C'est ainsi que Henrion de Pansey, commen-
tant ces mots de l'auteur du grand coutumier : « nouvelleté naît de saisine, et saisine de possession, »
enseigne avec raison que ce n'est pas à la seule
possession qu'est attaché le droit d'intenter la complainte, mais bien à la saisine ; et que celle-ci diffère
de la première, en ce qu'elle s'acquiert par une pos-

session d'an et jour, tandis que l'autre, purement de fait, s'obtient par un seul instant de détention.

Il est difficile de contester à cette possession, qui s'est transformée avec le temps en saisine possessoire, les caractères d'un droit réel. Si la qualité de possesseur annal survit à la perte de la possession, et que cette qualité lui permette de ressaisir au moyen des actions possessoires la détention de la chose échappée à ses mains, et de la faire maintenir contre les actes qui en troubleraient l'exercice, c'est qu'il existe une sorte de lien juridique, une relation de droit qui l'unit à la chose possédée. Il n'y a pas d'ailleurs d'actions sans qu'il existe un droit qu'elles ont pour objet de protéger. M. Troplong le reconnaît, mais il prétend que ce droit n'est pas où on le croit être, qu'il est moins dans la possession que dans la propriété que cette possession fait présumer. Les effets que l'on attribue à la possession ne sont que les conséquences de la propriété présumée, et c'est au propriétaire présumé que sont données les actions possessoires. « Ici donc la propriété est tout, et la possession s'efface dans le droit supérieur qui est sa cause. » (*De la Prescription*, n° 237).

Sans doute, la possession, en se prolongeant, emprunte tellement les dehors et les apparences de la propriété que le possesseur qui se comporte en maître à l'égard de la chose possédée doit en être supposé propriétaire. Mais cette présomption de propriété n'est que l'effet de la possession et ne constitue point sa nature juridique. Si la possession n'avait aucune valeur par elle-même et n'était que l'humble vassale de la propriété, comment pourrait-elle lui faire échec et entrer en lutte

avec elle? Il ne faut pas, du reste, abuser de certaines
expressions qui, prises dans leur acception rigoureuse, conduiraient à des conséquences contraires à
la loi. Ainsi cette présomption dont on parle n'est certainement pas une présomption légale, puisqu'il n'y
a, d'après l'art. 1350, de présomptions de cette nature
que celles qui sont attachées par une loi à certains
actes. Or aucun texte n'attache ce caractère au fait
de possession. Cet avantage de n'avoir pas à faire de
preuves, et d'obtenir gain de cause si l'adversaire ne
justifie pas sa demande, résulte moins de la possession
que du rôle que jouent les parties dans le procès pétitoire. Ce qui le prouve, c'est que le demandeur en
revendication, s'il a en sa faveur une présomption
légale de propriété, ne sera pas déchu du droit de la
faire valoir contre le possesseur. Il en serait autrement si la possession était une présomption véritable,
parce qu'alors il y aurait deux présomptions légales
qui s'annihileraient l'une et l'autre. Ce ne peut donc
être qu'une présomption de fait; or toute présomption de fait est susceptible d'être combattue par la
preuve du contraire. Si le possesseur annal vient à
perdre sa possession par suite de l'usurpation d'un
tiers, celui-ci sera-t-il admis à prouver que l'ancien
possesseur n'est pas propriétaire et qu'il n'est pas
fondé à se faire remettre en possession? Mais les
art. 23 et suiv. du Code de procédure s'opposent formellement à ce que le débat porte sur le fond du droit, et
ne permettent pas de renvoyer de la demande celui
qui a la saisine possessoire, sous prétexte qu'il n'est
pas propriétaire. En conséquence, c'est à la possession seule, à cause de sa vertu propre et native, et

non à la présomption de propriété qui en résulte, qu'appartient l'exercice des actions possessoires.

Il est à remarquer que le droit de possession a été principalement envisagé au point de vue de l'instance possessoire ; mais les rédacteurs du Code civil n'ont nulle part réglé et déterminé ses conséquences juridiques. Lors de la confection du Code civil, la Cour de Caen présenta à ce sujet les observations suivantes : « On n'a point parlé de la possession par an et jour d'un immeuble et de ses effets ; elle appartient cependant au droit civil, parce qu'elle constitue un droit réel dans le possesseur, qui doit être provisoirement maintenu. Les formes du procès sur cette action appartiennent, il est vrai, au Code judiciaire ; mais le fond du droit tient essentiellement à la manière d'acquérir et de conserver les biens. En effet, celui qui a cette possession ne peut plus être évincé que par un titre ; il importe donc de faire un article de loi qui règle les effets de cette possession. »

Nous savons qu'on ne tint pas compte de ces considérations si importantes et si judicieuses, et qu'on se contenta de réserver pour les actions possessoires une place fort modeste dans le Code de procédure.

Après avoir exposé ce qui constitue le droit de possession susceptible de mettre en mouvement les actions possessoires, il s'agit maintenant d'analyser les caractères constitutifs que nous lui avons reconnus. Ils doivent se rencontrer dans toute possession, dans celle qui s'applique aux choses corporelles, comme dans cette possession spéciale qui s'applique aux droits réels. Aussi faudra-t-il étendre à cette dernière les qualités que nous allons indiquer d'une manière géné-

rale, sauf à insister particulièrement sur les conditions inhérentes à la possession des servitudes. Nous
rappelons que c'est dans la combinaison de l'article 23
avec l'article 2220 que les qualités requises pour donner ouverture à la complainte trouvent leur complément.

1° La possession doit être paisible, c'est-à-dire
acquise sans violence et non troublée par de fréquentes
contradictions de fait; car le mot a un sens complexe
et embrasse à la fois ces deux conditions. Il est d'abord
certain que la première est indispensable. Les actes
de violence ne peuvent fonder une possession capable
d'opérer la prescription (art. 2233, C. civ.); or la possession vicieuse pour la prescription l'est également
pour la saisine possessoire. Il n'est pas nécessaire,
pour constituer la violence, que des coups aient été
portés; il suffirait que des menaces de nature à inti-
mider une personne raisonnable eussent été proférées,
et que ces moyens eussent dépouillé le défendeur malgré lui. Quant à la possession qui, paisible à son origine, se conserve par la force, elle n'est pas violente
dans le sens de l'art. 2233. Le possesseur est autorisé
à repousser la violence par la violence, et à chercher à
se maintenir dans sa possession. M. Marcadé (sur l'article 2220) n'est pas de cet avis : il soutient que le possesseur qui est obligé d'employer la force pour conserver la chose qu'il possède ne peut se prévaloir d'une
possession paisible. Mais comment lui reprocher
d'avoir usé du droit de légitime défense, et considérer
comme vice un acte qui accuse manifestement l'intention qu'il a de posséder à titre de maître? Sans doute,
si le possesseur est continuellement en butte aux

agressions vexatoires d'un rival qui se prétend propriétaire, s'il lui faut constamment se mettre en garde contre ses attaques, il ne saurait invoquer une possession paisible, bien qu'en réalité elle n'ait subi aucune interruption. C'est là d'ailleurs un point laissé à la prudence du juge, seul appréciateur de la gravité et de l'importance des troubles apportés à la possession. La Coutume de Paris décidait également, dans son art. 113, qu'il fallait posséder « franchement et sans inquiestation.» Il est vrai que Brodeau (Comment, sur la Cout. de Paris) et Ferrière (*Dict. de droit*, t. II, p. 478) assimilaient cette inquiétation à une interruption. Mais l'art. 2243 a déterminé limitativement les causes d'interruption, et il ne considère pas comme interruptifs les troubles qui n'emportent pas une dépossession ou privation de jouissance pendant un an. Du reste, l'art. 2220, avant d'exiger une possession paisible, impose la condition d'une possession non interrompue; il y aurait donc un pléonasme d'après cette interprétation. En un mot, pour que la possession soit paisible, il faut qu'elle le soit activement, c'est-à-dire appréhendée sans violence, et passivement, c'est-à-dire continuée sans agressions fréquentes et réitérées qui l'empêcheraient d'acquérir ce caractère de franchise et de stabilité capable de constituer un droit.

Il n'est pas besoin que la chose obtenue violemment rentre dans les mains du possesseur pour que le vice de violence disparaisse. La possession devient utile dès que la violence a cessé (C. civ., 2233). Il est à remarquer que celle-ci ne cesse pas au moment où l'attentat à l'aide duquel l'usurpation a lieu est consommé ; elle subsiste tant que le possesseur dépouillé est empêché d'agir par la juste crainte de s'exposer aux méfaits de l'usurpateur (arg. de l'art. 1112). Il arrivera rarement toutefois que la violence ait quelque durée, et, le plus souvent, le vice sera purgé aussitôt après l'accomplissement de la violence.

Ce vice est relatif; il ne peut être invoqué que par celui qui a été l'objet de la violence. Quant aux tiers, ils ne sont pas fondés à se prévaloir des droits d'autrui et des exceptions qui appartiennent au possesseur violemment dépouillé : à leur égard, la possession est paisible, et la violence est censée ne pas exister. Quelques auteurs ont distingué la possession qui était le résultat de la violence, de celle qui avait été violentée et troublée par des entreprises réitérées. Cette dernière serait, d'après eux, entachée d'un vice absolu, parce qu'il y aurait là une sorte d'interruption naturelle. Nous préférons admettre que, même dans ce cas, le vice est purement relatif, car nous avons démontré que l'inquiétation, quelque caractérisée qu'elle fût, ne devait pas être placée sur la même ligne que l'interruption, et nous pensons que les tiers n'ont pas plus de droit à invoquer des actes auxquels ils sont restés étranger.

2° La possession doit être publique, c'est-à-dire capable d'être connue de ceux qui ont intérêt à la connaître. « Il faut, disait la Coutume de Melun dans son art. 170, *qu'aucun ait joui au vu et au seu de tous ceux qui l'ont voulu voir et sçavoir.* » On ne pouvait sans injustice rendre efficace une possession à laquelle les parties intéressées n'ont point fait opposition, faute d'en avoir connaissance. Cependant, si les actes au moyen desquels la possession s'exerce sont tels que les intéressés ont dû ou pu les connaître, il est naturel qu'ils supportent alors la peine de leur négligence, et la possession sera utilement acquise au possesseur actuel, à moins qu'il n'ait essayé de tromper leur vigilance par suite de manœuvres dolosives. « On est présumé, comme le fait observer Dunod, avoir su ce qu'on a vraisemblablement pu savoir; il faut s'informer de ce à quoi l'on a intérêt; si on ne l'a pas su, on a dû le savoir, quand l'acte est public... Ce que l'on ignore par une faute grossière ne mérite point de grâce. »

La possession clandestine à l'origine peut devenir plus tard publique : le vice de la clandestinité serait alors purgé (arg. de l'art. 2233). Mais si la possession de publique devenait clandestine, faut-il décider, comme l'avaient fait les jurisconsultes romains, que la régularité de la possession originaire la préserve contre les conséquences d'un vice ultérieur ? *Non enim ratio obtinendæ possessionis, sed origo nanciscendæ exquirenda est* (voir Dunod, *De la Prescription*, n° 32 ; Pothier, chap. *De la Possession*, n° 28). Bien que quelques auteurs soient de cet avis, il nous semble difficile d'admettre qu'une possession qui se dérobe aux regards du propriétaire qui s'entoure de ténèbres et de mystères ait quelque efficacité. N'est-elle pas, du reste, équivoque ? et le propriétaire dont la surveillance a été mise en défaut peut-il être présumé renoncer à son droit ? « Pour règle générale, dit Coquille, la possession n'est considérable quand les actes ne sont ordinaires, continus et bien apparents, et si la science de celui qui y a intérêt n'y est. » Si cependant le défendeur avait eu connaissance des faits qui ont donné lieu à cette possession, il peut se faire qu'elle mérite de produire quelque effet, nonobstant la disparition des signes qui la rendaient publique. C'est au juge du possessoire de déterminer si le changement qui lui a été apporté doit la rendre inutile et en dénature le caractère (Delime, n° 44 ; Bourbeau, *De la Justice de paix*, n° 320).

Ce vice est également relatif ; il ne peut être opposé que par celui qui a été dans l'impossibilité de connaître les actes de possession. Si le défendeur en a eu connaissance, il ne serait pas fondé à invoquer l'exception de clandestinité, quand bien même elle n'eût pas été connue des tiers.

3° **La possession doit être non précaire ou à titre de propriétaire.** Le mot *précaire* n'a pas en droit français la même signification qu'il avait en droit romain. Nous avons étendu sa portée à l'exemple du droit canonique, et nous avons attaché le caractère de précarité à la possession de ceux qui reconnaissent un propriétaire au nom duquel ils détiennent la chose. Les détenteurs précaires n'ont point l'*animus sibi habendi*, et la seule volonté de posséder désormais pour leur propre compte est impuissante à intervertir le caractère de la possession qu'ils ont appréhendée pour autrui : *Nemo potest sibi mutare causam possessionis* (art. 2240, C. civ.). Il est vrai que s'il n'existe pas de titre qui caractérise la possession du détenteur, dans le cas où il y aurait contestation sur sa nature, et que les preuves manquent de chaque côté, celui-ci sera présumé, dans le doute, avoir possédé pour lui-même (art. 2230).

En matière de servitudes, la précarité s'entendra ra-

rement dans le sens d'une possession exercée au nom
d'autrui : on ne peut, en effet, détenir précairement
une servitude pour le compte du propriétaire, qui, s'il
en était ainsi, aurait une servitude sur son propre
fonds ; or la chose est impossible : *nemini res sua
servit.* La servitude ne peut être constituée utilement
qu'autant que le possesseur l'exerce pour lui-même,
avec l'idée de maîtrise ; et il n'y aura alors précarité
que si elle est concédée à titre de tolérance ou en vertu
d'une sorte de *precarium*, comme en droit romain.
Dans ce cas, le concessionnaire possède cette servitude non pour le compte du concédant, mais dans son
propre intérêt, et il la possède précairement en ce sens
qu'il ne serait point reçu à intenter la complainte
contre le concédant, bien qu'il ait ce droit à l'égard
de tous autres qui viendraient troubler sa possession.
On ne serait détenteur précaire d'une servitude, dans
l'acception ordinaire du mot, que si l'on possédait
un droit de servitude accessoirement à un immeuble
qu'on détiendrait à titre précaire. Ainsi le fermier
serait, à ce point de vue, détenteur précaire de la
servitude qui existe au profit du fonds qu'il a affermé.

Il est certaines servitudes dont l'exercice, comme
nous le verrons, est réputé fait sans intention de
maître. La présomption de précarité résulte alors des
termes mêmes de la loi ; elle est si absolue qu'aucun
possesseur n'est admis à intenter l'action possessoire
sans l'existence d'un titre qui purge cette précarité.

Lorsqu'on exerce une servitude attachée à l'immeuble qu'on détient précairement, le vice de précarité est-il absolu ou purement relatif ? Troplong enseigne que ces expressions de l'art. 23 du Code de

procédure : possession paisible et à titre non précaire,
doivent être entendues dans un sens relatif, comme
l'était la formule romaine *nec vi, nec clam, nec precario
ab adversario*. Mais quand il s'agit de la possession
nécessaire pour proscrire, il reconnaît que le caractère
de précarité est alors absolu (*De la Prescription*, t. I,
n° 170 ; Poncet, *Des Actions*, n° 82, p. 120).

Nous demandons à Troplong comment ce vice peut
être absolu dans un cas et relatif dans l'autre. Est-ce
que les caractères de la possession utile à l'effet de
proscrire ne sont pas communs à la possession propre
à autoriser l'action possessoire ? Pourquoi le défendeur au possessoire serait-il obligé de débattre la
possession avec un individu sans qualité, tel qu'un
fermier ? la détention n'est-elle pas un simple fait,
dépourvu comme tel de toute conséquence juridique ?
La précarité est donc un vice absolu, qui rend la possession inefficace à l'égard de toute personne indistinctement ; de plus il est perpétuel, puisqu'aucun
laps de temps ne peut le faire disparaître (art. 2236,
C. civ.). Toutefois il est effacé par une intervention
de possession résultant soit d'une cause venant d'un
tiers, soit d'une contradiction formelle opposée par le
détenteur au droit de celui pour le compte duquel il
possédait (art. 2238, C. civ.). Nous aurons à examiner
plus tard si ces moyens peuvent changer le caractère
de la possession relativement à certaines servitudes.

4° La possession ne doit pas être fondée sur des
actes de pure faculté ou de simple tolérance.

Si les actes exclusifs de propriété empêchent la possession de servir de base à l'action possessoire, c'est

qu'ils n'impliquent pas, de la part de leurs auteurs, l'intention d'acquérir un droit ; il en est de même des actes de simple faculté et tolérance. On entend par acte de pure faculté ceux que nous accomplissons non en vertu d'un droit qui nous soit propre, mais en vertu d'une disposition spéciale ou commune de la loi. Les facultés, dit M. Belime, consistent dans la liberté de faire des actes autorisés par le droit commun, au lieu que les droits présupposent une dérogation à la loi commune et un empiétement sur autrui. C'est ainsi que, comme habitant d'une commune, j'ai la faculté de prendre de l'eau aux fontaines publiques, de conduire mes bestiaux aux pâturages communs ; comme riverain d'un cours d'eau, j'ai celle de me servir de l'eau courante pour l'irrigation de ma propriété ; comme propriétaire, celle de bâtir ou non sur mon fonds, etc. En usant de ces facultés je ne me crée pas un droit privatif et individuel au préjudice d'autrui, et je ne saurais empêcher ceux qui jouissent des mêmes avantages de s'en servir, quand bon leur semble, bien que l'exercice de leurs droits eût été de beaucoup postérieur au mien.

. Ces actes ne supposent aucun rapport avec les tiers, aucune concession émanant d'une personne qui est libre de la retirer, tandis que les actes de tolérance supposent au contraire l'autorisation tacite d'un propriétaire qui en tolère l'exercice, dans un esprit de familiarité et de bon voisinage, mais qui peut le faire cesser aussitôt qu'il lui plaît. Ils ont donc une certaine affinité avec le précaire *(precarium)*, sauf cependant que celui-ci n'a lieu qu'en vertu d'une concession expresse et contractuelle, tandis que la tolérance se manifeste presque toujours par la nature des actes accomplis.

5° La possession doit être continue et non interrompue.

Le propriétaire peut s'abstenir d'user de son droit de propriété : il le conserve *solo animo;* pour le perdre, il faudra qu'il en fasse l'abandon, qu'il abdique son droit. Le possesseur doit au contraire avoir une possession continue, s'il veut s'en prévaloir en cas de trouble. La continuité toutefois n'implique pas des actes d'exercice permanents ; il ne sera pas nécessaire que le possesseur soit en rapport journalier avec l'immeuble qu'il possède : il suffira que sa possession ait été exercée sans intermittences anormales, qu'elle ait été assez soutenue pour attester l'intention qu'il avait de jouir de la chose autant que faire se pouvait, qu'elle ait été suffisamment caractérisée pour que la présomption de propriété puisse s'y attacher. Exiger une continuité absolue, ce serait rendre impossible toute possession juridique.

On ne saurait déterminer d'une manière précise les conditions de cette continuité. Ainsi, en matière de servitudes, il ne faudrait pas croire que l'idée de continuité soit incompatible avec la non-continuité dans les faits. C'est à tort que l'on a prétendu que les servitudes discontinues ne pouvaient être prescrites et protégées par les actions possessoires, parce qu'elles ne s'exerçaient qu'à de longs intervalles de temps, que d'une façon *discontinue.* C'est trop céder à l'influence des mots que de supposer qu'elles ne peuvent être continues, parce qu'elles sont discontinues. Elles sont tout aussi susceptibles de continuité que les

autres servitudes, eu égard, bien entendu, à la nature
d'actes d'exercice qu'elles comportent. Si elles ne
peuvent fonder une possession utile à l'effet de faire
obtenir la complainte, c'est parce qu'elles sont em-
preintes d'un certain caractère de tolérance, de familiarité et de précarité ; et la preuve en est que la possession de ces servitudes, qui est basée sur un titre
constitutif, est aussi efficace pour donner ouverture à
la complainte que la possession de celles dont leur
nature est d'être continues. Pour qu'il y ait discontinuité d'exercice, il faut que l'on ait omis des actes
possibles de propriétaire, que l'on ait négligé d'agir
alors qu'il était de son intérêt d'agir ; mais il n'est pas
nécessaire que l'occupation corporelle soit incessante,
et qu'il n'y ait aucun intervalle entre chaque acte matériel de possession. Telle est l'opinion de la jurisprudence qui ressort clairement des dispositifs d'un arrêt
de la Cour de cassation en date du 5 juin 1839 : « La
possession qui ne peut se manifester qu'à de certains
intervalles, par des faits distincts et plus ou moins
séparés, n'est pas moins continue, et par cela seul
qu'elle a été exercée dans toutes les occasions et à
tous les moments où elle devait l'être, et qu'elle n'a
pas été interrompue soit par la cessation absolue des
actes, soit par des actes contraires ou émanés des
tiers. »

Il est impossible d'établir des règles fixes et abso-
lues pour déterminer à quelles conditions se reconnaît le caractère de continuité. L'ancien droit était
tombé dans l'arbitraire pour avoir voulu ériger en
principes invariables la réglementation de ce point.
Une longue inaction de la part du possesseur peut

faire supposer la perte de l'*animus,* mais cette inaction doit être appréciée plus ou moins rigoureusement selon la nature de la possession. Tout dépend des circonstances , dit Troplong ; elles sont trop variables pour qu'on puisse les classer en catégories et en tirer une règle générale. Tout ce que je pourrai dire , c'est qu'il faut avoir surtout égard au genre de possession dont la chose est susceptible. Le président Favre enseignait même qu'un seul acte était suffisant pour caractériser la possession , si, dans un long espace de temps, l'occasion de se servir de son droit n'était arrivée qu'une fois : *Quin et unus actus potest in possessorio sufficere, si toto tempore quod hominum memoriam complectitur, non nisi semel casus evenerit in quo uti jure suo actor potuerit* (C., L. 7, ch. 7, *Déf.* 3.).

De même, si l'inaction du possesseur était le résultat d'un événement de nature , d'un cas de force majeure, il a été jugé que la possession ne laisserait pas que d'être continue (C. cass., 21 juillet 1828.— D., 28, 1, 341.—Cour d'Amiens, 17 mars 1825.—D., 28, 1, 342).

Celui qui invoque une prescription n'a pas besoin de prouver la continuité de sa possession pendant tout le temps requis pour prescrire : il lui suffit de prouver sa possession actuelle et le commencement de sa possession ; quant à la possession intermédiaire, elle est présumée lui avoir appartenu (C. civ., art. 2234). Cette présomption s'applique-t-elle au cas de saisine possessoire ? non , car il faut entendre par possesseur actuel dont parle l'art. 2234 celui qui est reconnu avoir la possession annale actuelle ; or il est évident qu'on ne peut se prévaloir d'un article qui prend pour base de sa présomption le fait même qui, dans les instances possessoires, est l'objet de la contestation. D'ailleurs on comprend que la maxime *probatis extremis præsumuntur media* soit applicable au cas de prescription, car il s'agit non de l'acquisition, mais de la conservation de la possession déjà acquise; et il est de principe que personne n'est présumé renoncer à son droit; la loi ne veut et ne peut vouloir alors qu'une continuité de droit. Mais l'existence du droit de saisine, fondement de toute action possessoire, réclame impérieusement une détention continuée pendant une année entière. Si l'exercice de mon droit ne s'est pas continué pendant un an, je ne puis prétendre à la saisine possessoire, quand bien même j'invoquerais une possession antérieure reposant sur des faits de jouissance incontestables. Cela résulte clairement de la disposition de l'art. 23 du Code de procédure. Les actions possessoires ne peuvent être formées que pour ceux qui depuis une année..... étaient en possession... Et en effet, comment voir là une prétention quelconque à la propriété de la chose, si, après s'être comporté pendant plusieurs jours en véritable propriétaire à l'égard du fonds que l'on veut posséder, on vient à cesser d'y reparaître et·de poser des actes de jouissance pendant plusieurs mois?

De même nous ne pensons pas, et pour les mêmes raisons, que la possession ancienne fasse présumer la possession actuelle. L'ancienne doctrine tenait, il est vrai, pour l'affirmative : *olim possessor, hodie possessor præsumitur*, disait-on alors; mais le Code n'a reproduit nulle part cette présomption, et ce serait même aller contre les termes de la loi que d'accorder la saisine à celui qui ne peut se prévaloir que des faits de possession accomplis depuis longtemps, et dont l'inaction doit nécessairement être interprétée contre lui comme une sorte de renonciation à son droit (*contra*, Dunod, *Prescript.*, p. 18; Garnier, p. 135, *Des Act. poss.*; Dalloz, *Act. poss.*, n° 288).

On pourrait également se demander si la possession actuelle fait présumer la possession ancienne. Si nous ne sommes pas plus disposés à admettre cette présomption que les précédentes, nous reconnaissons cependant que, dans le cas où la possession est appuyée sur un titre, elle est supposée remonter à la date du titre. C'est là, du moins, une question de fait que le juge du possessoire appréciera selon les circonstances (Dunod, *Des Prescriptions*; Belime, *Des Actions possessoires*, n° 427).

L'interruption de la possession se lie à sa continuité; il n'y a pas de possession continue si elle est interrompue; mais la réciproque ne serait pas vraie : une possession peut fort bien être discontinue sans avoir été aucunement interrompue. La discontinuité résulte toujours d'une omission, d'une négligence imputable au possesseur ; l'interruption consiste dans la solution de continuité opérée soit par le fait d'un tiers, soit par la reconnaissance provenant du possesseur lui-même. La première vicie la possession, mais en suppose l'existence; la seconde en implique la cessation; de sorte qu'on a pu dire que l'une était la maladie de la possession, tandis que l'autre en était la mort. M. Belime prétend que l'interruption ne provient que du fait d'un tiers, et que la discontinuité vient du fait du possesseur lui-même. Il semble, d'après cela, que l'interruption ne puisse provenir du possesseur lui-même. C'est là une erreur dans laquelle ne sont point tombés nos anciens auteurs. « La prescription, disait Dunod, est interrompue par rapport à la possession lorsque le possesseur, ne se regardant plus comme maître, cesse volontairement de posséder, ou lorsqu'il est déjeté de sa possession. » (Dunod, *Des Prescriptions*, p. 53; Demante, *Cours de Code civil*, n° 1118; Troplong, t. I", n° 349; Mourlon, *Répétitions écrites*, chap. *De la Prescription.*)

L'interruption est civile ou naturelle. Elle est naturelle lorsqu'il y a privation de jouissance par suite de l'occupation ou de l'usurpation d'un tiers; elle consiste donc dans une dépossession de fait; mais celle-ci n'est interruptive que lorsque la possession n'est pas annale; si elle a duré une année, elle ne peut être interrompue que par une dépossession également annale, puisque le possesseur a, comme nous le verrons bientôt, une année entière pour faire réprimer les actes qui compromettraient la possession acquise. Aussi M. Curasson n'a-t-il pas su distinguer les causes qui font perdre la possession déjà acquise de celles qui empêchent de l'acquérir, en soutenant que le possesseur dépossédé, bien qu'il n'eût pas la saisine, pouvait cependant se prévaloir d'une possession annale malgré la dépossession qu'il avait subie, s'il avait dans l'année repris cette possession et accompli à nouveau des actes d'exercice (*Traité de la compétence*, t. II, p. 88).

L'interruption civile est celle qui résulte d'une demande en justice ou de la reconnaissance soit expresse, soit tacite, du droit du propriétaire (C. civ., 2224 à 2251). Elle constitue toujours un trouble, puisqu'elle enlève à la possession son caractère paisible ; aussi Ferrière disait-il que la possession paisible est celle qui n'a pas été interrompue. Un acte extrajudiciaire produirait également un trouble suffisant pour motiver une action en complainte, quoiqu'il ne soit pas interruptif de la possession.

6° La possession ne doit pas être équivoque. Ce caractère, comme le fait observer avec raison M. Marcadé, au lieu d'être une qualité nouvelle, n'est que la confirmation et le développement des autres. La possession équivoque rentre soit dans la possession clandestine, soit dans la possession précaire. Les actes de possession peuvent en effet être indécis, douteux, quant à leur existence ou seulement quant à leur caractère ; or, dans le premier cas, il est clair que la possession n'est pas publique, et, dans le second, il sera facile d'établir que le possesseur n'a pas possédé dans l'intention d'acquérir un droit et de s'attribuer les avantages de la chose, et que sa possession est entachée d'un vice de précarité qui s'oppose à la maintenue possessoire. Cependant l'équivoque n'est guère possible relativement à l'interruption de la possession. Ce n'est pas effectivement au possesseur à prouver l'interruption, mais à l'adversaire qui lui conteste une possession utile et efficace ; or, comme il ne saurait y avoir de degrés dans l'interruption, il faut qu'il en apporte une preuve complète qui ne laisse pas de place au doute.

7° La possession doit être annale.

Pour exercer utilement l'action possessoire, il faut, nous le savons, une possession annale (art. 236, C. pr.). D'où nous vient cette condition d'annalité? Le droit romain ne la reconnaissait pas, puisqu'il suffisait d'avoir une possession actuelle pour intenter l'interdit *uti possidetis*, et que le *jus possessionis* ne survivait pas à la détention de l'objet. Cette condition a pris naissance sur notre sol au milieu de nos institutions coutumières; son origine est toute féodale. Cependant quelques auteurs ont cru en trouver les premiers germes dans une disposition particulière de la loi salique, d'après laquelle la possession d'un an faisait acquérir au nouveau venu dans la villa les droits de communauté dont jouissaient les autres habitants; mais ce texte se réfère évidemment à l'acquisition de la propriété et non à celle de la possession; voici ce qu'il contenait : *Si autem quis migraverit in villam alienam et et aliquid infra duodecim menses secundum legem constitutum non fuerit, secum ibidem consistat sicut et alii vicini.* (*Lex salica*, caput 18.) C'est peut-être en souvenir de cette possession annale qu'il fut admis plus tard que la saisine d'an et jour aurait pour effet de transmettre régulièrement la propriété des fiefs; mais, en tout cas, on ne saurait prétendre que cette saisine féodale émane directement de la courte proscription qu'avait établie la loi salique.

Quant à cette saisine primitive que nous regardons comme la source et l'origine de notre saisine possessoire, nous la voyons apparaître et se développer, aux XIIe et XIIIe siècles, comme un moyen indirect de suppléer aux voies ordinaires de la transmission des fiefs. A cette époque, en effet, tout acquéreur devait recevoir l'investiture des mains de son seigneur; tant que cette cérémonie essentielle n'avait pas eu lieu, le vendeur ou le donateur était toujours considéré comme propriétaire de l'héritage cédé. Lorsqu'elle avait été accomplie, l'acquéreur était alors saisi, ensaisiné, et la propriété du fief lui était légitimement acquise : « Aucun ne peut être propriétaire s'il n'est ensaisiné réeulment et de fait par le seigneur d'icelle propriété ou par les gens dudit seigneur sous qui elle est. » (Brodeau, art. 81 de la Cout. de Paris.) — En l'absence de l'investiture légale, la continuation de la possession pendant dix années équivalut à l'ensaisinement, pourvu que l'acheteur ou le donataire eût été mis en possession : Jouissance de dix ans vaut saisine, nous dit Loysel. Bientôt il suffit de posséder un an seulement, avec la *souffrance* du seigneur, pour être valablement ensaisiné : « Saisine et possession gagnée par tenure paisible après an et jour, trait à soy et gaigne la propriété de l'heritage » (Jean Desmares, Pontanus sur Blois, art. 64). Aussi fut-elle appelée *de droite tenure, ou entière saisine.*

Elle constitua donc tout d'abord une véritable proscription. Le propriétaire qui gardait le silence et souffrait que son héritage restât pendant une année entière entre les mains d'un tiers perdait définitivement son droit, car l'ensaisinement par souffrance fut étendue à toute espèce de biens, fiefs ou non. Lorsque les actes d'investiture et de transmission devinrent moins réguliers, la brièveté du délai requis pour proscrire dut souvent être cause de forclusions injustes, et l'on sentit le besoin d'en modifier la durée. C'est alors que la saisine fut conservée non comme proscription définitive, mais comme une proscription provisoire, qui n'avait plus pour conséquence l'acquisition irrévocable

de la propriété, mais la détermination légale du droit
de possession. Elle devint le signe, l'indice de la propriété, au lieu d'en être la preuve (Bourbeau, *de la
Justice de paix*, n° 270; Giraud, *Thèse sur les act.
poss.*).

La possession annale n'est-elle exigée que pour
agir contre le précédent possesseur, ou bien est-elle
nécessaire contre celui qui ne peut se prévaloir d'aucune possession antérieure? M. Carré enseigne qu'il
faut entendre ces mots de l'art. 23 du Code de procédure,
« depuis une année au moins, » dans ce sens que le
possesseur qui n'a pas encore une année de possession
ne peut intenter la complainte s'il est troublé par celui
qui possède encore civilement depuis un an au moins,
mais qu'il le pourra contre tout autre s'il agit dans
l'année du trouble. Mais l'art. 23 est conçu dans les
termes les plus absolus et les plus généraux, et il ne
comporte point une distinction de cette nature, bien
qu'elle ait une certaine raison d'être.

Quant au délai de la saisine possessoire, doit-il être
d'an et jour, ou suffit-il que l'année soit complète? Les
anciens auteurs exigeaient ce jour supplémentaire pour
prévenir les difficultés de supputation de l'année :
*Dies additur ut omnes molestæ quæstiones de anni
tempore tollantur.* Le Code de procédure parle d'une
possession d'une année *au moins;* il n'y a donc pas
lieu d'ajouter un jour supplémentaire; la condition
de l'annalité se trouvera accomplie au jour correspondant de l'année suivante. Il est vrai que, la possession
annale devant être complète avant que le trouble se
produise, on peut dire qu'il y a possession d'an et
jour, puisque le possesseur troublé possède encore le

jour même où le trouble survient. (Bourbeau, *de la Justice de paix*, n° 208.)

La saisine possessoire est acquise au possesseur annal, bien qu'il ne soit pas de bonne foi, qu'il eût même avoué devant témoins s'être emparé de la propriété d'autrui ; ce n'est qu'à l'égard des servitudes discontinues qu'il sera obligé de produire un titre, s'il veut intenter l'action possessoire. Il n'est pas nécessaire non plus qu'il n'existe aucune cause de nullité lorsque la possession lui est transmise. Ainsi peu importe qu'il ait reçu la chose d'un incapable, s'il l'a possédée régulièrement pendant l'année, ou qu'il y ait eu erreur sur la personne ou l'objet de l'acquisition, à moins que cette erreur ne soit exclusive de l'*animus domini*.

On peut suppléer à l'insuffisance de sa possession, lorsqu'elle n'est pas complète pour constituer la saisine, au moyen de l'accession de possession. Mais remarquons que cette transmission de possession ne s'opérera de l'auteur à son successeur que s'il existe un rapport légal, un lien juridique qui les unit l'un à l'autre ; et, de plus, elle ne sera utile pour autoriser l'exercice de l'action possessoire que si la possession de l'auteur n'est pas vicieuse et réunit tous les caractères requis pour fonder la saisine possessoire. Cependant, si le successeur est à titre particulier, comme il ne continue pas malgré lui la possession de son auteur, aux obligations duquel il n'est pas soumis, il peut renoncer à la jonction d'une possession vicieuse pour en commencer une nouvelle.

L'effet le plus important de la possession annale est d'attribuer au possesseur le bénéfice de l'ac-

tion possessoire en cas de trouble, et de le dé-
charger du fardeau de la preuve lorsqu'il sera attaqué
au pétitoire. « Le propriétaire d'une chose, dit Pothier, ne doit avoir recours à l'action en revendication que lorsqu'il a perdu entièrement la possession
de cette chose... S'il est troublé par quelqu'un, il a un
très-grand intérêt à intenter contre celui qui le trouble
l'action en complainte possessoire... La raison est
que, lorsqu'on en vient au pétitoire, il y a beaucoup
plus d'avantage à être le possesseur de la chose qui
fait l'objet du procès qu'à être le demandeur, celui-ci
étant chargé de prouver son droit de propriété, au
lieu que le possesseur n'a rien à prouver de son côté :
il est toujours présumé et réputé propriétaire, jusqu'à
ce que le demandeur ait pleinement prouvé et établi
son droit de propriété. »

## SECTION II.

### DES ACTIONS POSSESSOIRES.

Les actions possessoires sont, comme en droit
romain, les moyens juridiques de faire valoir la possession. Elles sont réelles, puisqu'elles ont leur fondement dans un droit absolu sur la chose (1). Bien
qu'on ait contesté leur utilité et qu'on ait prétendu
que la disjonction du possessoire et du pétitoire en-
traînait des frais et des lenteurs plutôt que la rapidité
des procédures, nous pensons au contraire qu'elles

(1) La réintégrande, cependant, a le caractère d'une action personnelle, lorsqu'elle a pour objet de repousser une voie de fait, et non de
statuer sur le droit de possession.

sont éminemment avantageuses aux plaideurs, et qu'elles ont, le plus souvent, pour effet de prévenir une foule de procès. Il arrive ordinairement que les parties qui plaident au possessoire se contentent de la sentence rendue par le premier juge. Celui-ci a, de plus, l'avantage d'être à la proximité des parties ; il peut se transporter facilement sur les lieux litigieux et juger en parfaite connaissance de cause, tandis qu'un tribunal d'un autre ordre ne pourrait s'éclairer qu'au moyen d'enquêtes longues et dispendieuses. Si la possession n'avait trouvé une garantie dans l'action qui la protége, on aurait vu les plaideurs se la disputer pied à pied, et chercher à se supplanter violemment pour avoir l'avantage de jouer au pétitoire le rôle de défendeur ; aussi les abus et les désordres d'autrefois auraient-ils reparu, et nécessité à nouveau la séparation de ces deux instances, dont l'organisation fut considérée sous Charles VII comme un immense bienfait.

On divise généralement les actions possessoires en complainte, réintégrande et dénonciation de nouvel œuvre ; la loi du 25 mai 1838, dans son article 6, les distingue toutes les trois. Nous les passerons rapidement en revue, pour connaître leurs caractères spéciaux et leurs conditions d'admissibilité, et nous aurons à nous demander si elles s'appliquent indistinctement à la possession des servitudes.

1° Le simple trouble ou nouvelleté donnait lieu à la complainte, qu'on appelait aussi, sous l'ancienne législation, l'interdit *uti possidetis*. Elle embrassait aussi dans son application les cas dans lesquels la possession aurait été perdue sans qu'il y ait eu violence

ou expulsion de vive force. C'est pourquoi Beaumanoir disait que pour se plaindre de dessaisine et nouvelleté, il fallait être en possession d'an et jour. « Sire
Pierre m'a dessaisi de nouvel de telle chose, de laquelle j'avais été en saisine paisiblement d'an et
jour. Se il le confesse, je requiers être ressaisi ; se il
le nie, je offre à le prouver. »

Si le mot *complainte* s'appliquait alors plus spécialement à l'action possessoire qui avait lieu en cas de
saisine et de nouvelleté, il était aussi souvent employé
comme terme générique pour désigner toutes les actions (Pothier, *Traité de la possession*, nos 34, 35 et
suiv.; Denisart, *Collect. de droit*, vo *Complainte;* De
Ferrière, vo *Complainte*). La complainte aujourd'hui a
une signification propre et un objet distinct; elle est
donnée au possesseur troublé pour se faire maintenir
dans sa possession. Il importe que ce trouble emporte,
comme nous allons le voir, de la part de l'adversaire,
une prétention à la possession. Si le préjudice a été
causé dans le but de nuire au possesseur, celui-ci
aura alors une action personnelle fondée sur le dommage qu'il a éprouvé et tendant à une réparation
civile.

Le trouble possessoire qui donne ouverture à la
complainte doit laisser la détention de la chose au possesseur; c'est là ce qui distingue principalement cette
action de la réintégrande, qui suppose toujours une
dépossession.

Ses conditions d'admissibilité et d'application sont
les mêmes lorsque le possesseur d'un droit de servitude
y a recours pour se faire maintenir en possession de
son droit.

Examinons maintenant les faits qui constituent le trouble et mettent en mouvement l'action en complainte. Pour savoir s'il y a trouble ou non, il faut s'attacher aux caractères de l'acte. Implique-t-il de la part de son auteur l'intention formelle d'agir sur la chose ou d'exercer un droit de servitude, il y a trouble, et l'action en complainte est recevable. On a prétendu cependant qu'un fait matériel non accompagné de l'intention de posséder le terrain sur lequel il a été pratiqué pouvait motiver la complainte (Garnier, *des Act. poss.*, p. 224; Carou, *des Act. poss.*, 000). Il aurait suffi que le demandeur ait pu croire que sa possession lui était contestée pour que le juge de paix soit valablement saisi au possessoire, bien que le défendeur n'élève devant lui aucune prétention à la possession; mais nous préférons adopter l'opinion de M. Belime, qui fait consister le trouble plutôt dans l'intention que dans l'entreprise commise : « C'est plus dans l'intention que dans le fait matériel, dit-il, que gît le caractère du trouble possessoire..... Si le défendeur déclare qu'il n'agissait pas *jure domini*, qu'il n'a aucune prétention à répéter des actes semblables, il me répugne de voir une action possessoire là où il n'y a nul débat sur la possession. » De même, un fait ne saurait être réputé trouble si celui qui en est l'auteur a agi dans la limite de son droit, quelque préjudice que le fait puisse occasionner à des tiers : *Nul n'attente qui use de son droit.* Ou si les faits qui servent de base à la demande ne causent aucun préjudice au complaignant, il y a lieu d'écarter son action pour défaut d'intérêt (Cour de cass., 6 déc. et 27 août 1827; 12 nov. 1833).

On distingue le trouble de fait et le trouble de droit;

l'ancienne jurisprudence avait reconnu ces deux sortes
de trouble ; voici comment Pothier les définissait :
« Le trouble de fait est lorsque quelqu'un me trouble
en la possession de mon héritage par quelque fait,
comme s'il s'y transporte pour labourer et le cultiver
malgré moi. Le trouble de droit est celui qui résulte
de quelque acte judiciaire par lequel quelqu'un s'oppose
à ce que je jouisse..... » (*Traité de la pr. civ.*, part. II,
ch. III, art. 1, § 4).

Ainsi le trouble de fait est l'atteinte matérielle portée à la possession : *Turbatio fit per quamcumque mo-
lestiam, impedimentum in re, quo quis non sinit libere
et quiete res nostras possidere* (Rebuffe, art. 1, gloss. II,
n° 30). Si la jouissance seule de la chose est affectée et
que le droit de possession ne soit pas mis en question,
il n'y a pas trouble de fait. Cependant, si, dans le cours
de l'instance possessoire, le défendeur venait à reconnaître le droit à la possession de son adversaire, le juge
n'en prononcerait pas moins la maintenue en possession ; car l'aveu et la reconnaissance ne changent point
la nature de la demande (Cour de cass., 21 avril et
15 juillet 1834).

Si la modification apportée à l'exercice d'une servitude constituait une aggravation pour le fonds servant,
il y aurait, dans le seul fait de ce changement préjudiciable, matière à l'action en complainte. Il n'est même
pas nécessaire que le dommage résulte immédiatement
de l'entreprise qui engendre le trouble : il suffit qu'il
puisse se produire et se réaliser un jour, qu'il soit
éventuel, pour que le possesseur soit autorisé à se
plaindre. Il en serait ainsi, par exemple, si un propriétaire creusait un fossé sur la ligne séparative de

deux héritages, de telle manière que les pentes n'aient pas été suffisamment ménagées et qu'il y ait à craindre un éboulement des terres du fonds voisin.

Lorsqu'il existe un titre légal ou conventionnel, il n'y a pas nécessité, pour le demandeur en complainte, de prouver qu'il y a préjudice actuel ou futur; l'infraction, la contravention aux prescriptions de la loi ou du titre conventionnel suffit pour constituer le trouble, parce que cette infraction emporte contradiction aux droits de l'adversaire, et que si ce trouble n'était pas réprimé, l'auteur se verrait en possession du droit usurpé. Toutefois l'infraction qui aurait le caractère d'un délit serait impuissante à fonder une possession utile. Celui qui aurait élevé le niveau d'un cours d'eau sans autorisation administrative, ou qui aurait exercé un droit d'usage dans les fonds sans délivrance préalable, ne serait pas reçu à se prévaloir d'une possession qui est passible d'une certaine pénalité.

Le trouble de droit, appelé autrefois trouble de paroles, est tout acte judiciaire ou extrajudiciaire notifié au possesseur et qui tend à dénier, méconnaître ou contester la possession de ce dernier. « Trouble, disait Loysel, s'entend non-seulement par voie de fait, mais aussi par dénégation judiciaire. » Il n'est pas nécessaire que l'acte interrompe la possession, il suffit qu'il soit attentatoire à la propriété ou à l'exercice d'un droit. De simples provocations verbales, de pures menaces, il est vrai, ne devraient pas être considérées comme des troubles suffisamment caractérisés pour donner ouverture à la complainte, bien que, dans la Coutume de Bretagne, elle eût été admise cependant pour trouble *faict et comminé: « Nam minæ et jactationes verborum turbant, quia scilicet obsint possidenti, ne commode uti re sua possit »* (D'Argentré, art. 100 de la Coutume de Bretagne; Brodeau, *Tr. de la poss.*).

Il peut se faire toutefois que ces protestations s'affirment de telle manière que le possesseur ait intérêt à les faire cesser, parce qu'il y a à redouter qu'elles ne se traduisent un jour en voies de fait; dans ce cas, il aurait la faculté d'agir au possessoire; d'ailleurs il pourrait mettre son adversaire en demeure de s'expliquer, et si celui-ci répliquait qu'il est en possession, il est clair qu'il serait véritablement fondé à se plaindre : « Il y a trouble, disait Imbert, si le défendeur a défendu par contraires, parce qu'en défendant il trouble » (*Pratique judic.*, liv. V, ch. XVI).

M. Carou enseigne qu'il ne faut tenir aucun compte de ces procédés, qui n'ont qu'un caractère comminatoire, et qu'il n'y a d'autres troubles que ceux qui ont pour effet d'interrompre la possession. Le trouble de droit, qui ne se confond pas avec l'acte interruptif, n'est point, selon cet auteur, de nature à vicier la possession. « La possession, dit-il, se compose ou se constitue de faits matériels, et le vrai moyen de la combattre et de la rendre inefficace, c'est de lui opposer des faits contraires qui la détruisent. Mais si, au lieu de cela, on laisse le possesseur jouir paisiblement de la chose, si l'on se borne à lui faire notifier des dénoncés ou des protestations qui ne peuvent entraver la possession de fait, qui ne changent rien à l'état matériel des choses, et semblent annoncer bien plutôt la malice ou l'entêtement de celui qui les fait que la certitude de son droit, ce sont d'insignifiantes menaces, et ce paraît être le cas d'appliquer cet adage : *Qui protestatur non agit.* » (*Des Act. poss.*, nᵒˢ 704 et suiv.)

Nous pensons, au contraire, que tout acte qui implique contradiction au droit du possesseur doit être, à juste titre, regardé comme trouble. Ces prétentions, accusées tout d'abord faiblement, ne sont pas moins le présage de réclamations plus énergiques dont il est utile de prévoir les conséquences pour l'avenir ; il est, par exemple, certains actes extrajudiciaires qui ne laissent aucun doute sur l'intention de celui qui les oppose, bien qu'ils n'entraînent point par eux-mêmes l'interruption de la possession : tel serait le cas d'un procès-verbal d'un simple garde, ou d'une injonction faite à un propriétaire de n'avoir pas à exercer un droit qui lui appartient, de la prétention à un droit de servitude élevée dans un mémoire adressé au préfet, de l'opposition formée devant l'autorité administrative à la demande tendant à exécuter des travaux pour faciliter l'exercice d'un droit réel (Cass., Paris, 1837).

Une assignation au pétitoire ne peut être considérée comme un trouble, puisque le demandeur qui prend cette voie reconnaît la possession de son adversaire ; mais il ne pourrait, sous prétexte qu'il est propriétaire, inquiéter le possesseur pendant le cours de l'instance. Ce dernier, dans ce cas, serait autorisé à réclamer la cessation du trouble jusqu'à ce que le jugement sur le fond ait été rendu.

Lorsque le trouble n'émane pas de la personne du propriétaire, mais d'un de ses représentants, on s'est demandé si la complainte pouvait être intentée directement contre ce représentant. Si tout détenteur précaire qui n'a point le *jus possessionis* n'est pas fondé à actionner au possessoire, doit-il être également sans qualité pour défendre à l'action ? Quoique l'article 1727 du Code civil autorise le fermier, par exemple,

à appeler en garantie son bailleur et à se faire
mettre hors de cause, nous inclinons à admettre de préférence que le possesseur troublé peut valablement
demander compte au fermier lui-même de l'entreprise
préjudiciable qu'il a commise à son égard, car la disposition de l'art. 1727 ne reçoit pas son application quand
le représentant est responsable d'un fait personnel.
Mais si le jugement est régulièrement rendu, il ne
sera pas opposable au bailleur, s'il n'a pas été appelé
en cause, et, de plus, la voie de la tierce opposition lui
sera ouverte (Carou, *Act. pos.*, n° 703 ; Bourbeau, *Just.
de paix*, n° 351 ; Cour de cass., 10 nov. 1828, 13 juin
1843).

Si le trouble est interruptif de la possession, il importe d'intenter l'action possessoire dans l'année
(art. 23, C. pr.) ; autrement le possesseur qui n'agirait
pas dans ce délai serait déchu de la saisine possessoire :
« Souffrance est deshéritance, disait Boutellier. »
Quand le trouble consiste en une série d'actes qui
portent atteinte à la possession d'un tiers, le délai
pour former sa demande doit-il se compter à partir
du premier ou du dernier acte ? La question sera réso-
lue suivant les circonstances, et il appartient au juge
de les apprécier. Si les premiers actes ne constituent
pas un trouble suffisamment caractérisé, ils ne pourront servir de point de départ à l'acquisition de la saisine. Il faudra que l'ancienne possession soit réellement interrompue, pour que la nouvelle puisse commencer à courir utilement (C. de cass., 3 août 1852).

2° La seconde action possessoire est la réintégrande ;
elle a pour objet de rétablir dans sa possession celui
qui en a été dépouillé par la violence. Dans l'ancien

droit, la réintégrande ou nouvelle dessaisine corres-
pondait à l'interdit *unde vi.* Si l'on avait été expulsé
par force ou violence, on ne s'enquérait pas si la
possession était de bonne ou mauvaise année, s'il y
avait saisine ou non ; on avait le droit d'intenter la
réintégrande pour la recouvrer, quand bien même
cette possession eût été digne de la *hart,* comme disait Beaumanoir. Mais si le spoliateur qui avait été
condamné à délaisser l'immeuble pouvait se prévaloir d'une possession annale, il avait la faculté de
ressaisir sa possession au moyen de la complainte,
parce que la réintégrande ne donnait pas au spolié
une saisine véritable, mais une simple détention.

La réintégrande existe-t-elle aujourd'hui dans notre
droit comme action distincte de la complainte? est-il,
en un mot, nécessaire de justifier d'une possession
annale pour se faire réintégrer dans une possession
dont on a été dépouillé par voie de fait? La question
est très-controversée, et un grand nombre d'auteurs
enseignent que les actions possessoires sont soumises
à des principes et à des conditions identiques, et que,
si elles offrent quelques points de divergence quant au
fait matériel qui leur donne ouverture, elles se res-
semblent au fond sous le rapport de leur constitution
intrinsèque ; en sorte qu'elles ne sont chacune, à proprement parler, que des espèces d'une action possessoire et générale, la seule qui existe dans la loi. Nous
ne partageons point cette opinion ; nous croyons au
contraire que chaque action a son individualité distincte, et que les principes qui les régissent ne sont pas
identiquement les mêmes ; aussi préférons-nous admettre que la réintégrande n'est pas accordée seule-

ment à celui qui, ayant la saisine, a perdu la détention
de la chose qu'il possédait, par suite du fait d'un tiers,
mais même à ce possesseur qui ne peut se prévaloir
de la saisine possessoire. Pour se convaincre que tel a
toujours été le caractère plus ou moins accusé de la
réintégrande, il suffit d'en faire brièvement l'historique, et de la suivre à travers les temps jusqu'à nos
jours.

Elle fut, à l'origine, une mesure d'ordre public introduite, comme nous l'apprend Beaumanoir, pour prévenir les mouvements de haine et de mortelle guerre
qui poussaient les hommes à des entreprises coupables
(Cout. de Beauvoisis, ch. XXXII, p. 171; Delaurière, *sur
les Établ. de saint Louis*, liv. II, ch. VI). Il était d'usage
en effet, avant le XIIIᵉ siècle, que celui qui avait été dépouillé par la violence reconquît, les armes à la main,
les biens qui lui avaient été enlevés. On l'autorisait
même, dans le cas où il ne pouvait lutter de pair avec
son adversaire, à s'indemniser de la spoliation dont il
avait été victime, en s'emparant de ceux des biens du
spoliateur qui lui semblaient d'une conquête plus facile. Saint Louis, par son ordonnance de 1270, généra-
lisant la maxime du droit canonique : *Spoliatus ante
omnia restituendus*, décida que quiconque ressaisirait
par des moyens violents la chose dont il avait été dépouillé serait tenu de la restituer, *car nul ne doit en
nulle cour plaider dessaisi*. Toutefois le spolié qui de-
mandait à être réintégré devait donner plège ou caution, à l'effet de suivre son action, et de payer les dommages-intérêts auxquels il pourrait être condamné;
sinon la plainte n'avait pas de suite. Le défendeur
devait également fournir caution, ou contre-appleige-

ment, et la chose était placée alors sous la main de la justice (Brodeau, Cout. de Paris, art. 96).

Simon de Bucy, premier président au Parlement de Paris, pour abréger les lenteurs de la procédure, supprima les formalités de l'appleigement en assimilant, quant à leur exercice, la dessaisine en cas de violence à la dessaine en cas de nouvelleté. Le spolié, conservant la saisine lorsqu'elle existait à son profit, put agir par la voie de la complainte possessoire et se faire réintégrer et maintenir dans sa possession, comme si la déjection n'avait été qu'un trouble, sans avoir besoin de procéder par appleigement et contre-appleigement. Cet expédient, qui simplifiait la procédure, fut accueilli avec empressement, et aussi Loysel recommandait-il, en cas de dessaisine, « de se bien garder de dire qu'on avait été spolié, mais simplement troublé. » Cette réforme eut pour résultat de jeter un peu de confusion dans la pratique, relativement à l'exercice des deux actions; mais elles n'en furent pas moins distinctes quant aux conditions de leur admissibilité et de leurs effets. De nombreux témoignages attestent que la réintégrande n'a jamais cessé d'être en usage dans notre ancien droit, et que le possesseur qui n'avait pas encore la possession légale pouvait, en cas de déjection violente, se faire réintégrer (Argou, *Instit. au droit fr.*, liv. II, ch. IX. — Papon, 11e, *notaire*, liv. VIII., tit. *unde vi*). L'ordonnance de 1667 mentionne les deux actions dans ses art. 1er et 2 de son titre 18. Après avoir déclaré dans l'art. 1er que celui qui est troublé dans sa possession peut former complainte, elle ajoute dans l'art. 2 que celui qui est dépossédé par violence peut demander la réintégrande

soit par l'action civile, soit par l'action criminelle. Il
est vrai qu'elle ne disait mot de son caractère et de sa
nature, et ce silence contribua beaucoup à entretenir
la confusion qu'avaient déjà commise plusieurs auteurs
qui ne se faisaient pas faute d'assimiler entièrement
ces deux actions. Cependant Denisart (v° *Complainte*)
ne manque point de faire ressortir leurs caractères
distinctifs : « Pour intenter la complainte, il faut avoir
la possession d'an et jour dans le dernier temps, et y
être troublé. Pour demander la réintégrande, la possession actuelle au temps où l'on a été dépossédé,
suffit. » La loi du 24 août 1700, qui attribue la connaissance des actions possessoires au juge de paix,
n'en désigna aucune particulièrement ; mais les rédacteurs de 1804, loin de vouloir proscrire la réintégrande, la rappellent expressément dans l'art. 2000
du Code civil, et prononcent la peine de la contrainte
par corps contre le dépossesseur violent. Enfin la loi
du 25 mai 1838, réparant l'omission de la loi de 1700,
énumère les diverses actions possessoires et cite parmi
elles la réintégrande dont elle fait une action distincte,
comme la complainte et la dénonciation de nouvel
œuvre. La jurisprudence de la Cour de cassation l'a-
vait d'ailleurs toujours reconnue comme une action
spéciale et indépendante de la complainte, et avait
toujours attaché à son exercice les mêmes effets qu'elle
produisait dans l'ancien droit ; il est probable que les
rédacteurs de 1838 se sont référés, en la mentionnant,
à la doctrine qui était alors en vigueur.

En examinant la question au point de vue rationnel,
il est facile de se convaincre qu'elle a son utilité et sa
raison d'être. Elle est en effet fondée sur ce principe

de raison que nul ne peut se faire justice à soi-même, et que celui qui a été dépouillé par violence doit avant tout rentrer dans sa possession. Comment admettre qu'on puisse, en agissant violemment, obtenir une position meilleure qu'en recourant à la loi ? Serait-il juste que celui qui a la possession d'une chose depuis plusieurs mois puisse, par cela seul que sa possession n'est pas annale, en être impunément dépouillé par un tiers qui n'y avait aucun droit ? La déjection, du reste, s'il n'y avait pas l'action en réintégrande, se présenterait assurément comme le moyen le plus simple et le plus expéditif d'acquérir la possession en dehors des termes de la loi. Supposons, par exemple, un propriétaire ou un possesseur annal qui veut recouvrer sa possession. S'il procède légalement, il sera obligé, comme demandeur, de prouver son droit de propriété ou sa possession annale ; en employant la violence, il devient au contraire immédiatement possesseur, et c'est au spolié à fournir la preuve de son droit. Le système contraire aurait donc pour résultat d'encourager et de favoriser les délits et les voies de fait, dont rien n'est plus propre à prévenir le retour que la sévère application de la maxime : *Spoliatus ante omnia restituendus.* (Bellime, n° 371 ; Henrion de Pansey, *Comp. des jug. de paix*, ch. LII ; Duranton, 1, 4, n° 240 ; Carou, n° 60 ; Dalloz, *Degré de jurid.*, p. 613 ; Bourbeau, *Just. de paix*, n°⁹ 287 et suiv.—Arrêts de cass., 10 mars 1810, 28 octobre 1826, 5 mars et 11 juin 1828, 10 avril 1830, 8 juillet et 5 août 1845, 22 novembre 1840, 3 juillet 1850, 12 décembre 1853, 6 décembre 1854, 25 mars et 12 mai 1858, 2 juillet 1802.)

La réintégrande s'applique rarement en matière de

servitudes, car on ne peut guère concevoir que l'on soit dépossédé d'un droit ; la déjection portera sur un immeuble, mais difficilement sur un des démembrements de la propriété. Aussi a-t-il été jugé qu'il n'y aurait pas lieu à former une action en réintégrande dans le cas où un tiers pratiquerait sur son terrain un œuvre quelconque qui aurait pour effet de supprimer l'exercice d'une servitude discontinue et apparente (5 mars 1828, C. cass.; voir *contra* M. Belime, n° 385).

Mais si les servitudes sont continues et apparentes, comme elles consistent surtout en ouvrages extérieurs au moyen desquels elles s'exercent, il y aurait lieu de recourir à la réintégrande, si le propriétaire servant venait à détruire ces ouvrages : il y aurait alors une véritable dépossession matérielle.

3° La loi de 1838 place à côté de la complainte et de la réintégrande la dénonciation de nouvel œuvre. Elle nous vient du droit romain, mais elle n'a point conservé le caractère qu'elle avait alors. A Rome, en effet, la *nuntiatio operis* n'était point possessoire ; elle obligeait au contraire le dénonçant à renoncer à sa possession et à prouver son droit de propriété. Sous notre ancien droit, elle devint une véritable action possessoire, car le dénonçant eut les avantages de la possession. Boutillier, après avoir dit que la dénonciation se faisait verbalement, en ces termes : « Vous faites cy nouvelle œuvre à mon préjudice ; je vous dénonce que vous cessiez de faire et désistiez entièrement, et de ce que fait avez, je fais protestation que tout soit démoli et réparé, et que amendé soit si avant que juge esgardera qu'il appartiendra, » ajoute que le constructeur doit déclarer devant le

juge dans quelle intention il a construit le nouvel
œuvre : « et sera le faiseur de l'ouvrage demandeur
en ce cas, et le dénonçant possessionnaire ou possesseur de la dénonciation qui est de grande dignité au
procès. » (*Somme rurale*, liv. II, ch. XXXII.)

Plus tard, la dénonciation de nouvel œuvre tendit à
se confondre avec la complainte. L'ordonnance de
1667 n'en parle point ; aussi la plupart des commentateurs semblent-ils ne faire aucune distinction entre
la complainte et la dénonciation de nouvel œuvre ;
d'après eux, elle n'était recevable qu'autant qu'elle
s'appuyait sur une possession qui satisfaisait aux
mêmes conditions qu'exigeait l'exercice de la complainte ; seulement on réservait le nom de dénonciation
au cas où le trouble résultait de la construction et de
l'établissement de certains ouvrages. D'ailleurs il y
'avait une grande divergence parmi les auteurs : les uns
appelaient dénonciation l'action exercée, alors que les
travaux étaient seulement commencés, et ils accordaient
au constructeur le droit de les continuer en donnant
caution ( Rousseau de la Combe, v° *Dénonciat.* );
d'autres distinguaient le lieu d'exécution du nouvel
œuvre : était-il établi sur le fonds de celui qui le pratiquait, il y avait lieu à dénonciation ; les travaux
étaient-ils exécutés sur le fonds du voisin, il fallait se pourvoir par la voie de la complainte (Hen-
rys, liv. IV, ch. VI ; Papon, v° *Notaire*, liv. VIII,
De l'interdit *de novi operis nuntiat.* — Arrêts, n° 1,
art. 8, v° *Complainte*).

Quels sont les caractères qu'il lui faut reconnaître
dans notre législation ? existe-t-elle comme une action
possessoire *sui generis* ? Nous retrouvons à cet égard

la même incertitude et le même désaccord entre les auteurs. Comme il n'en était point question dans la loi de 1700 et dans le Code de procédure, on a prétendu qu'elle se confondait avec la complainte, qu'on pouvait cependant, en intentant celle-ci, demander par provision la suspension des travaux. Henrion de Pansey, au contraire, la considère comme une action spéciale qui se rapproche en beaucoup de points de l'ancienne *nuntiatio*. Ainsi on pourrait demander directement la suppression des travaux, sans avoir besoin de prouver une possession annale ; si le défendeur ne tenait point compte de la défense faite par le juge de paix de continuer les travaux, celui-ci serait libre d'en ordonner la démolition. Enfin la dénonciation n'est recevable qu'autant que l'auteur du nouvel œuvre a construit sur son propre fonds ; sinon il y a lieu à complainte toutes les fois que l'œuvre aura été exécuté sur le fonds du demandeur.

La jurisprudence de la Cour de cassation ne s'est point tout d'abord fixée sur la nature de cette action. Elle décidait, avant la loi de 1838, que l'auteur du nouvel œuvre devait avoir commencé les travaux sur son propre fonds ; il fallait qu'ils fussent en cours d'exécution et qu'ils portassent atteinte à l'exercice d'un droit de servitude appartenant à autrui. S'ils étaient achevés, la dénonciation n'était plus recevable, et l'action pétitoire était la seule voie ouverte à la partie pour obtenir la suppression du nouvel œuvre. Quand l'action devait être portée devant le juge de paix, il n'avait pas le droit d'ordonner la destruction des travaux exécutés avant la demande : il ne pouvait qu'en prononcer la suspension (15 mars 1820 ; 4 mars 1827).

Cependant, quelque temps avant la loi de 1838, la Cour de cassation avait admis que la dénonciation pourrait être intentée, alors même que les travaux auraient été achevés, pourvu que la demande fût formée dans l'année (28 mars et 25 juillet 1836; 30 janvier 1837; 5 février 1838). La loi de 1838 la déclara également recevable pour les faits commis dans l'année, sans distinguer si les travaux devaient être ou non terminés (art. 6 de la loi de 1838). Cependant il résulte de l'observation faite par M. Dubouchage, lors de la discussion de la loi, qu'il importe peu que les travaux soient terminés ou seulement en cours d'exécution : « On trouve que ces derniers mots, fondés sur des faits commis dans l'année, pourraient être entendus comme ne se rapportant qu'aux actions possessoires en général. Dans le fait, le législateur veut qu'ils se rapportent aussi aux actions de nouvel œuvre: ceci est essentiel pour fixer la jurisprudence... » D'après cela, la dénonciation se confond avec la complainte par ses conditions d'exercice et ses effets : elle n'en diffère que par la nature du trouble. Il faut donc, pour qu'elle soit admissible, que le nouvel œuvre porte atteinte à la possession annale du demandeur ou à un droit de servitude susceptible de possession, sans qu'il y ait à distinguer s'il a été fait sur le fonds du demandeur ou du défendeur, s'il est ou non achevé. Mais le demandeur ne pourra se pourvoir qu'au pétitoire s'il n'a point une possession annale, ou s'il se prétend lésé dans un droit non susceptible de possession : « On ne peut plus s'opposer par la voie de dénonciation, dit M. Zachariæ, à la continuation des travaux, quels qu'ils soient, sur le seul fondement du préjudice qui pourrait en être le résultat. Mais celui dont la possession réunit les caractères exigés pour l'exercice de la complainte, et qui y a été troublé par suite d'un nouvel œuvre fait sur son fonds ou sur celui d'autrui, peut, soit avant, soit après l'achèvement des travaux, demander au possessoire le rétablissement des lieux dans leur ancien état. » (T. I, p. 387.)

# CHAPITRE II.

## DE LA POSSESSION DES SERVITUDES.

D'après l'art. 2228, l'exercice d'un droit réel constitue une possession véritable de la même manière que la détention à titre de maître d'une chose corporelle. En indiquant les caractères, les qualités et les effets de la possession en général, nous avons par cela même déterminé ce que doit être en principe cette possession particulière que nous nous proposons d'étudier, celle dont sont l'objet les servitudes. Il s'agit maintenant d'examiner séparément ses éléments constitutifs, les règles et les conditions de son développement, et les caractères spéciaux et distincts qui résultent de la nature des droits auxquels elle s'applique. Nous suivrons à cet effet une division empruntée à l'essence même de la possession des servitudes, comme nous avons tenu à le faire en droit romain; mais nous les envisagerons ici sous un autre rapport, plus conforme à l'économie de notre législation, et, nous attachant principalement à la distinction des art. 688 et 689 du Code civil, qui les divisent en servitudes continues, discontinues et non apparentes ou négatives, nous en ferons la base de notre classification. Si nous ne traitons pas à part de la possession des servitudes légales et naturelles, c'est qu'elles ne sont pas, à proprement parler, des servitudes dans l'acception propre et technique du mot, et que leur possession se confond ordinairement avec celle du fonds dont elles sont l'accessoire naturel et de droit commun, et qu'enfin, dans les cas où elles sont susceptibles d'une possession particulière, elles rentrent par leur caractère dans la division des servitudes continues et discontinues.

En effet, les servitudes légales et naturelles ne sont que des restrictions qui résultent, pour le droit de propriété, de la situation des lieux et des dispositions de la loi. Celui-ci ne peut exister qu'à ces conditions ; la théorie de la liberté absolue des héritages est une utopie qui, si elle était réalisable, serait une source permanente de querelles et de rixes entre propriétaires limitrophes. Ces limitations restrictives de la propriété, ces prohibitions communes, bien loin de former des servitudes, sont au contraire constitutives de la liberté même des fonds. Une servitude n'est pas toute espèce de charge, mais une charge exceptionnelle imposée en dehors des règles générales ; il faut qu'il y ait dérogation au droit commun, qu'un fonds soit placé vis-à-vis d'un autre dans un état d'assujettissement auquel, en principe, il n'était pas soumis ; qu'il y ait, en d'autres termes, comme une augmentation du droit de propriété au profit de l'un, et diminution au détri-

ment de l'autre. Ainsi le propriétaire d'un héritage
supérieur qui laisse écouler sur le fonds inférieur les
eaux qui proviennent naturellement de son fonds ne
saurait se prétendre en possession d'une servitude
active, pas plus que celui qui a le droit d'empêcher le
voisin de planter ou de construire à une distance autre
que celle qui est requise et déterminée par la loi ou
les règlements locaux est fondé à se considérer comme
possesseur d'une servitude négative à l'encontre de ce
propriétaire. Ces avantages sont attachés à la possession même de la propriété, de telle sorte que, s'il y
avait une infraction commise à ces dispositions de la
loi, le propriétaire qui jouissait de ces avantages pourrait exercer la complainte possessoire pour se faire
maintenir non en possession d'une servitude, mais
bien de son fonds, dont la jouissance a été troublée et
amoindrie par ce fait. Aussi nous ne parlerons point
de ces servitudes qui sont plus spécialement une
dépendance et non un démembrement de la propriété, comme le bornage et la mitoyenneté ; la possession dont elles sont susceptibles doit être traitée
avec la possession foncière, en qui elle se résume et se
confond.

Quant aux autres servitudes légales ou naturelles
qui peuvent être l'objet d'une possession distincte de
celle du fonds, comme la servitude de passage en cas
d'enclave (art. 682 à 685, C. civ.), ou le droit à l'usage
d'une source au profit d'une commune, d'un village ou
d'un hameau (art. 643, C. civ.), nous les rangerons
parmi les servitudes discontinues, dont elles ont les
caractères. De même, celles qui sont l'occasion de
certains droits dont la possession peut être acquise

au moyen d'œuvres d'art et de travaux apparents
(art. 640, 642 et 644, C. civ.), ou qui constituent des
servitudes d'aqueduc et d'appui établies par des lois
postérieures (L. 20 avr. 1845, 11 juil. 1847), trouve-
ront naturellement leur place dans la classe des
servitudes continues et apparentes. Cette classification
nous sera surtout utile quand nous traiterons des
acti ns possessoires relatives à chacune de ces servitude.

## SECTION I.

### DE LA POSSESSION DES SERVITUDES CONTINUES.

Les servitudes continues sont celles dont l'usage,
d'après l'art. 688, est ou peut être continuel sans avoir
besoin du fait actuel de l'homme : tels sont les conduites
d'eau, les égouts, les vues et autres de cette espèce.
Elles ne perdent point ce caractère de continuité, bien
que le fait de l'homme soit quelquefois nécessaire pour
les mettre en état de s'exercer : s'il faut, par exemple,
ouvrir une vanne pour faciliter l'écoulement de l'eau
dans un aqueduc, car, l'obstacle une fois levé, la servitude s'exerce sans l'intervention et le concours de
personne. Le fait de lever l'obstacle n'est pas ce qui
constitue l'exercice, puisqu'il a pour but au contraire
de le rendre possible.

La possession de ces servitudes est acquise dès que
les ouvrages au moyen desquels elle s'exercent ont
été terminés, puisque c'est seulement à partir de ce
moment qu'on est à même d'en user : « En ces sortes
de servitudes, disait Basnage, la possession ne com-

— 187 —

mence à courir qu'après que l'ouvrage nécessaire a été fait, parce que ce qui n'est pas ne peut être prescrit. » (Basnage, art. 607, Cout. de Normandie). En conséquence, le point de départ de la saisine possessoire sera l'achèvement des travaux, et non leur commencement, comme l'enseigne Belime. Sans doute, si la nature du nouvel œuvre est telle qu'elle entraîne l'occupation du terrain sur lequel il est élevé, on deviendra possesseur de la chose principale dès l'instant où l'on a fait des actes de maître, et qu'on en a joui exclusivement. Mais lorsque les ouvrages constitutifs de la servitude seront effectués sur le fonds de celui qui les établit, ou qu'ils témoigneront de l'intention qu'aurait le constructeur de n'exercer qu'un droit de servitude, et non de prétendre à la possession du fonds de son adversaire, il est incontestable qu'il ne peut posséder la servitude alors qu'elle n'existe même pas encore et qu'il est impossible de l'exercer. Du reste, l'art. 642, relatif à la servitude de prise d'eau, déclare expressément que la possession utile pour prescrire, — et nous savons qu'elle est la même pour agir au possessoire, — ne commence qu'à dater du moment où les travaux sont terminés.

Il n'est pas nécessaire que l'acte corporel ait été fait par quelqu'un; il peut se produire de lui-même, comme lorsqu'un arbre vient à croître sur la limite du voisin. Le fait d'avoir une plantation à une distance prohibée est constitutif d'une servitude continue et apparente à l'égard du voisin. A quelle époque la possession sera-t-elle censée acquise au propriétaire de l'arbre? ce sera sans contredit dès qu'il aura poussé assez vigoureusement pour être considéré comme un arbro : *Certe non dubitatur, si adeo adhuc tenerum sit, ut herbæ loco sit, non debere arboris numero haberi* (D., L. 4, arb. furt. cæs.).

De plus, il faut que le possesseur ait l'intention de se servir de la chose à titre de servitude, et qu'elle révèle elle-même par sa nature cette intention. Ainsi , un mur surplomberait et ferait saillie par suite de vétusté ou vice de construction sur le fonds du voisin, le propriétaire du mur ne serait pas reçu à prétendre à la possession d'un *jus projiciendi*.

Les servitudes continues s'exercent d'elles-mêmes, indépendamment du fait de l'homme; il s'ensuit que la possession n'en commencera pas moins, bien qu'elles n'aient pas encore servi à l'usage auquel elles étaient destinées : ainsi la servitude d'égout sera possédée dès que les conduits auront été posés, quand bien même il ne serait tombé aucune goutte d'eau.

Est-il indifférent que les ouvrages au moyen desquels s'exerce la servitude soient établis sur le fonds du propriétaire servant, ou sur celui du propriétaire dominant? La solution de cette question dépend de la nature de la servitude; car il est telle servitude qui ne peut exister que sur le fonds dominant: c'est ainsi que l'établissement de la servitude de vue résulte de l'ouverture d'une fenêtre dans un mur séparatif des deux fonds. Cependant, le plus souvent, l'œuvre sera avancé sur le fonds du voisin , comme dans le cas des servitudes d'aqueduc , de gouttières , de prise d'eau. Quant à cette dernière, lorsqu'elle s'effectue dans les conditions de l'art. 642, on n'est point d'accord dans la doctrine sur le point de savoir si les travaux doivent être exécutés ou non sur l'héritage supérieur. Quelques auteurs, se fondant sur la discussion qui a eu lieu au conseil d'État, prétendent qu'il n'est pas nécessaire, pour prescrire l'usage de l'eau, d'avancer aucun ouvrage sur le fonds supérieur. Nous préférons suivre le système de la jurisprudence de la Cour de cassation, qui s'est définitivement prononcée pour l'opinion contraire. Il s'agit, en effet, d'acquérir une servitude active au profit du fonds inférieur; or le propriétaire de ce fonds, qui fait chez lui des ouvrages quelconques, ne possède rien sur l'héritage supérieur : il agit *jure domini* et non *jure servitutis*. Toute possession doit commencer par une usurpation que le temps légitimera; et pour posséder en réalité une servitude, il faut faire sur la chose d'autrui des actes de maître : *Omnis servitus consistit in alieno fundo.* D'ailleurs cette possession d'ouvrages faits sur le fonds inférieur serait nécessairement équivoque ou clandestine, et le propriétaire supérieur ne pourrait, le plus souvent, l'interrompre; elle ne satisferait donc pas aux conditions requises pour autoriser la prescription ou l'exercice des actions possessoires.

De même ces ouvrages doivent avoir un caractère de permanence et de durée qui atteste clairement l'intention, de la part du propriétaire inférieur, d'acquérir un droit à son profit : ainsi un barrage fait de branches d'arbres, de mottes de gazon ou autres objets mobiles qui seraient de temps en temps placés et replacés ne suffirait pas pour constituer une possession utile; il en serait ainsi du curage ou du rétablissement du fossé par lequel s'écoulent les eaux de la source. M. Daviel, toutefois, soutient que le curage pourrait fonder une possession suffisante, « s'il était accompagné de circonstances tellement caractéristiques, qu'il porterait en lui-même l'indice d'une possession contradictoire et hautement reconnue au profit du propriétaire inférieur, comme par exemple s'il avait été fréquemment répété, si des ouvriers avaient été préposés sans permission demandée au propriétaire de la source, si quelques inconvénients étaient résultés pour lui des travaux, et qu'il n'eût pas réclamé. » (*Cours d'eau*, t. III, n° 774.)

Nous ne contestons point que des actes de jouissance aussi caractérisés ne soient de nature à constituer une possession efficace ; mais, dans ce cas, nous ne nous trouvons plus dans l'hypothèse de l'art. 642, car il y a possession même du canal ou du fossé qui sert de conduite à la source.

Les travaux qui ont pour résultat de créer une servitude continue et apparente seront, le plus ordinairement, établis par le propriétaire du fonds dominant ; mais ils pourront l'être également par un fermier, un usufruitier, ou un représentant quelconque de ce propriétaire, et même par un possesseur de bonne ou de mauvaise foi qui posséderait *nomine fundi* (comp. D., 12, *quem. serv. amitt.*; Dunod, *des Prescriptions*, part. I, ch. IV, p. 22 ; Pardessus, t. II, n°ˢ 777 et 779). M. Demolombe suppose que ces travaux émanent du propriétaire assujetti, et décide que la possession en sera néanmoins acquise au propriétaire dominant, bien qu'ils ne semblent pas avoir été exécutés dans l'intérêt de ce propriétaire (t. II, n° 779, *des Servitudes*). Nous pensons, au contraire, qu'il est difficile de reconnaître là une possession utile, puisqu'un établissement de cette nature présente évidemment un caractère équivoque et précaire qui est exclusif de toute prétention à la servitude. Cependant, s'il résultait des circonstances que le propriétaire dominant a entendu profiter *jure servitutis* de l'état de choses établi par son voisin, qu'il s'est même opposé à tout changement qu'il aurait voulu opérer dans l'état des lieux, nous n'hésitons pas à croire qu'il y aurait là une possession effective de ces travaux au moyen desquels il exerce réellement une servitude active dans son intérêt personnel. En tout cas, il importe peu que l'exécution de l'œuvre ait été effectuée du consentement exprès ou tacite du propriétaire servant.

De même il faudrait considérer comme équivoque la possession d'une conduite d'eau qu'un fermier aurait pratiquée sur le fonds affermé, et dont il se serait servi pour amener l'eau sur un fonds contigu qui lui appartiendrait. Il y a effectivement doute sur le point de savoir s'il a joui *jure proprio*, dans le but d'acquérir une servitude, ou s'il en a disposé en qualité de fermier, sans prétendre exercer aucun droit au détriment de son bailleur. Toutefois il commencerait une possession utile s'il purgeait ce vice de précarité par une contradiction quelconque opposée au propriétaire (arg. de l'art. 2238, C. civ.).

La possession ne doit pas être non plus le résultat de la tolérance du propriétaire servant. Il est vrai que des servitudes qui s'annoncent par des ouvrages extérieurs portent trop directement atteinte à la propriété pour supposer qu'elles aient pour cause les rapports de familiarité et de bon voisinage ; mais il peut se faire que ce caractère de simple tolérance résultât d'un titre, et d'un écrit qui constaterait leur existence pro-

visoire, D'ailleurs une servitude continue n'est pas
toujours par elle-même exempte de ce caractère : c'est
ainsi que la Cour de cassation a jugé que le fait d'appuyer une barrière sur un arbre appartenant à autrui
n'emportait pas la possession légale d'un droit d'appui ; en sorte que le possesseur de la barrière serait
mal fondé à se plaindre si le propriétaire de l'arbre venait à l'arracher sans en planter un autre ou y substituer un poteau. Elle a considéré qu'une possession de
ce genre non fondée sur un titre, et qui ne reposait
que sur un objet périssable, était nécessairement de
simple tolérance (arr. de cass., 3 déc. 1834 ; cour de
Caen, 31 déc. 1845 ; Demolombe, 779 *bis*). Cette solution devrait être étendue au cas où les ouvertures pra-
tiquées dans un bâtiment ne donneraient vue que sur
le toit de la maison voisine (C. de cass., 7 nov. 1849),
ou s'il existait entre les deux héritages un mur qui
masquerait ces ouvertures, quand bien même elles
eussent été faites à une distance moindre que celle
prescrite par les art. 678 et 679 (C. de cass., 2 fév. 1863).
Cependant, si un changement dans les dispositions des
lieux devenait tel que le propriétaire servant eût désormais intérêt à s'opposer à l'existence d'une servitude
dont l'exercice constitue une charge et une incommo-
dité grave pour son fonds, il devrait obliger le voisin
à boucher ses vues, sous peine de laisser commencer
contre lui-même une possession utile à l'effet de conduire à la prescription et à l'obtention des actions possessoires.

Dans le cas où un écrit constate que la possession
est de simple tolérance, on a prétendu que cette reconnaissance était insuffisante pour la rendre inefficace ;

on a invoqué l'art. 287 de la Coutume de Bretagne,
qui disposait « que les conditions et grâces de réméré
accordées toutes fois et quantes que le vendeur ou
autre voudra se prescrivent par trente ans à compter
du jour de l'action d'icelles, qui se vérifiera par acte
ou serment déféré à la partie seulement » (Havin,
*Comm. de la Cout. de Bretagne*, t. II, p. 307). Cependant il est clair que l'acte de reconnaissance exclut
toute prétention à la possession à titre de maître, sans
laquelle il est impossible de prescrire ou d'exercer les
actions possessoires. Qu'on ne dise point que cette
reconnaissance n'a pour effet que d'interrompre la possession et n'empêche point celle-ci de courir pour
l'avenir; il est facile de répondre qu'une reconnaissance ne peut être interruptive, puisqu'elle s'applique
non à une possession déjà acquise et existante, mais à
une possession qui commence et dont elle caractérise
la nature. Il n'y a pas plus interruption que renonciation anticipée à la prescription, puisqu'il n'existe
aucune possession utile à laquelle on puisse renoncer
(Demolombe, t. II, n° 779; Marcadé, art. 2220, n° 2).

Les successeurs à titre universel de l'auteur de la
reconnaissance sont, d'après les principes que nous
avons exposés précédemment, incapables d'obtenir la
saisine possessoire tant qu'il n'y aura pas interversion
du titre. Quant au successeur particulier, il peut commencer une possession nouvelle ; mais s'il invoquait
celle de son auteur, il se verrait opposer l'écrit con-
statant la reconnaissance, pourvu qu'il ait acquis date
certaine antérieurement à l'acte de vente (C. civ., 1328 ;
arrêt de la cour de Caen, 14 sept. 1840).

D'après l'art. 2220, la renonciation à une prescriptio

13

qui n'est pas acquise n'en arrête point le cours; n'a-t-elle pas au moins pour effet d'entacher de précarité la possession de celui qui a renoncé à la prescription? M. Mourlon, après avoir longtemps soutenu le système contraire, s'est rallié, en dernier lieu, à l'opinion de ceux qui enseignent avec raison que la possession n'est, en cas de renonciation, d'aucune efficacité. « Mon voisin, dit M. Mourlon, a ouvert sur mon terrain des jours d'aspect : j'aurais pu m'y opposer; mais comme ils ne me faisaient, quant à présent, aucun préjudice, je les ai tolérés, en prenant soin toutefois de me faire donner un titre par lequel mon voisin a déclaré renoncer au droit de les acquérir par prescription. Prescrira-t-il néanmoins? A la vérité, l'obstacle à la prescription ne viendra point de la renonciation, puisqu'elle est, en tant que renonciation, destituée de tout effet; mais la prescription se trouvera empêchée par une autre cause; et, en effet, ceux-là peuvent prescrire qui possèdent *animo domini* la chose qu'ils détiennent... Or, dans l'espèce, mon voisin ne possède point *animo domini* le jour que je lui ai permis d'ouvrir; il ne le possède point *animo domini* et *jure proprio*, puisqu'il n'en jouit qu'en vertu d'un titre où il a reconnu qu'il n'a aucun droit à l'établissement dont il s'agit, qu'il n'en jouit en un mot qu'en vertu de ma permission, que je pourrai reprendre dès qu'il me plaira de faire cesser cet état de choses (*Répét. écr.*, chap. *de la Prescription*).

Cependant le même auteur cite une hypothèse d'après laquelle la renonciation, loin d'impliquer la précarité de la possession, l'affirmerait plus que jamais aux yeux des tiers. Il suppose qu'un possesseur, dans

la confiance qu'il a de son droit, déclare formellement,
à quiconque serait tenté de le lui contester, qu'il se
fait fort de triompher de toute contradiction, et qu'il
entend même renoncer à invoquer la prescription. Il
faut avouer qu'il n'était pas utile de rechercher une
espèce aussi bizarre et aussi peu vraisemblable pour
la présenter comme une exception à la règle qui venait
d'être posée. Une renonciation de ce genre n'est que
pour le propos, et l'on ne peut voir dans ce défi et
cette bravade lancée à tout venant autre chose qu'une
jactance et une déclaration prétentieuse de l'idée de
maîtrise et de son droit de propriétaire.

La possession trentenaire pourrait-elle faire acquérir un mode d'exercice plus avantageux que celui qui
avait été déterminé par le titre constitutif de la servitude? nous ne voyons aucune difficulté à admettre
cette prescription. Dès lors que le législateur, reconnaissant dans la possession des servitudes continues
des garanties de publicité et d'apparence qui leur ôtent
tout caractère équivoque, les a soumises à la prescription, pourquoi ne serait-elle pas applicable à leurs
modalités? On objecte, il est vrai, qu'en droit romain le
titre faisait obstacle: *Non autem conceditur plus quam
pactum est in servitute habere* (D., L. 11, *quem. serv.
amitt.*). Mais, s'il était de règle, à Rome, que le mode de
servitude ne pouvait être ni augmenté ni diminué par
la prescription, l'art. 708 est venu modifier ce principe : « Le mode de servitude peut se prescrire comme
la servitude même, et de la même manière. » En vain
l'on répond qu'on ne peut prescrire contre son titre
(2240, C. civ.) : cette maxime n'est vraie qu'en tant
qu'elle signifie qu'on ne peut changer à soi-même la

cause et le principe de sa possession, comme l'explique
la fin de l'article ; mais rien n'empêche de prescrire
au-delà de son titre. Ainsi, toutes les fois que la possession du mode d'exercice aura un caractère précis et
déterminé, et satisfera en un mot aux conditions de
l'art. 2229, elle sera de nature à le faire acquérir par
prescription, et par conséquent à donner ouverture, s'il
y a lieu, aux actions possessoires (C. de cass., 9 nov.
1826; Dunod, *des Prescriptions*, p. 208; Proudhon,
*des Droits d'usage*, n° 102; Curasson sur Proudhon,
n° 105; Demolombe, t. II, n° 784, *Des Servitudes*).

Faudrait-il voir une servitude continue et apparente
susceptible de possession dans le fait d'avoir un dépôt
de bois ou de fumier sur le fonds du voisin? M. Belime
refuse à celui qui a fait le dépôt la faculté de prescrire, à titre de servitude, le droit de déposer des
choses de ce genre sur le terrain d'autrui. A cet égard
il fait une distinction que nous croyons raisonnable :
si le dépôt est permanent, s'il prive entièrement le
propriétaire de l'utilité que le sol pouvait lui procurer,
il constitue par conséquent un acte de maître bien
caractérisé : il y a alors possession du terrain sur
lequel est fait le dépôt, et celui-ci ne peut être alors
considéré comme un acte de pure tolérance. Mais il en
serait autrement si le possesseur prétendait n'exercer
qu'un droit de servitude, et voulait se faire maintenir
en possession de cet emplacement à ce titre. Il n'y a
pas là, en effet, une charge proprement dite qui puisse
assujettir un fonds au profit d'un autre ; de plus, ce fait
n'offre pas en lui-même ce caractère de continuité qui
est le propre des servitudes de notre classe ; nous esti-

mons donc, aussi nous, qu'on ne peut avoir la saisine
possessoire d'un semblable droit.

La possession des servitudes continues se conserve
tant que subsistent les ouvrages au moyen desquels
elles s'exercent. De plus, il faut que l'état des lieux ne
subisse aucune modification, aucun changement qui
affecte les conditions d'établissement et d'exercice de
ces servitudes. Supposons, par exemple, que le possesseur d'une servitude d'aqueduc vienne à déplacer la
direction des tuyaux et des conduits : il interromprait
sa possession et arrêterait ainsi le cours de la prescription, bien qu'il n'y eût qu'une seule espèce de servitude exercée. En fait, il y a eu deux servitudes distinctes, qui peuvent avoir été plus ou moins onéreuses
pour le fonds servant (Duranton, t. V, n° 609). Cependant, si le déplacement n'avait point modifié l'assiette
de la servitude, de telle sorte qu'il y eût identité dans
la continuation de la servitude et même individualité
dans sa constitution, la possession n'aurait point été
interrompue (arr. de cass., 23 juillet 1815; Dupret,
*Revue de droit français et étranger*, t. III, p. 838;
Demolombe, 785, t. II, *Des Servitudes*).

Le défaut de jouissance et l'abstention du possesseur de la servitude ne sauraient être une cause d'interruption, parce qu'elle se conserve par elle-même indépendamment du fait d'exercice ; il faut, pour qu'il y
ait interruption matérielle, un acte qui fasse obstacle
à la jouissance du possesseur. Peu importe de qui il
émane, du propriétaire servant ou d'un de ses représentants, fermier, locataire, et même un possesseur de
mauvaise foi.

Si les ouvrages qui sont la condition de l'exercice et

de l'existence de la servitude venaient à être détruits, il y aurait évidemment perte de la possession (*corpore*). Mais s'il en restait quelques vestiges, suffiraient-ils pour en perpétuer la possession ? faut-il appliquer à ce cas la maxime de d'Argentré *per signum retinetur signatum* (Cout. de Bretagne, art. 368, p. 1549) ? Ainsi j'ai la servitude *ligni immittendi* ; j'enlève les poutres qui étaient enfoncées dans le mur de mon voisin : pourrai-je néanmoins prétendre avoir conservé cette servitude tant que les trous qui supportaient les poutres n'auront pas été bouchés ? L'affirmative s'appuie notamment sur la loi 6, *de serv. præd. urban.*, dont nous avons parlé en droit romain, à propos de la même question. Nous avons démontré alors que cette loi ne déterminait que le moment à partir duquel le propriétaire servant commençait à prescrire la liberté de son fonds, mais qu'elle n'indiquait nullement comment et quand la possession de la servitude était perdue ; et de ce que le propriétaire servant n'était pas en possession de la liberté de son héritage, il ne s'ensuivait pas que le propriétaire dominant continuât à être en possession de la servitude. On a prétendu aussi que ces quelques vestiges étaient une protestation permanente contre l'extinction de la servitude, et que l'héritage servant ne pouvait revendiquer sa liberté tant qu'il restait des indices qui déposaient contre son affranchissement.

Nous pensons au contraire que la possession se perd dès qu'il n'est plus possible d'exercer la servitude. L'art. 707 du Code civil dispose formellement que la prescription extinctive commence du jour où l'on a cessé d'en jouir. Il est vrai que les termes de cet article se réfèrent plus particulièrement à l'extinction des servitudes discontinues ; mais nous n'avons pas à faire cette distinction, puisque les partisans de l'autre système appliquent indistinctement la même solution pour les servitudes continues et discontinues (Delime, n° 101 ; Toullier, t. II, n° 709 ; Dunod, *des Prescriptions*, t. III, ch. vi). D'ailleurs, si ce même article exige pour l'extinction des servitudes continues un acte contraire, comment accorder moins d'effet à la suppression de l'état de choses constitutif de la servitude, auquel son existence même est attachée ?

Les servitudes cessent, dit l'art. 703, lorsque les choses se trouvent en tel état qu'on ne peut plus en user. Or n'en est-il pas ainsi lorsqu'il ne reste plus que de faibles vestiges, impropres à aucun usage, et ne servant qu'à révéler les traces presque effacées et l'emplacement d'une servitude qui a cessé d'exister ? Dès lors qu'il y a impossibilité matérielle de faire le moindre acte d'exercice, la possession ne peut plus subsister, quand bien même cette impossibilité résulterait d'un événement de nature qui s'opposerait à cet usage. Tel n'est pas l'avis de MM. Aubry et Rau : « En pareil cas, disent-ils, le non-usage de la servitude étant complétement indépendant de la volonté du propriétaire de l'héritage dominant, la quasi-possession en est conservée, autant qu'elle peut l'être, par le maintien de vestiges, d'ailleurs non équivoques, qui attestent et l'existence de la servitude et l'intention d'en user dès que les circonstances le permettront. » Il ne suffit pas, il nous semble, d'avoir l'intention de conserver la jouissance d'une chose

pour rester en possession ; il faut aussi que les faits
de jouissance soient possibles et réalisables. Toutefois,
sans admettre en principe la distinction faite par
MM. Aubry et Rau, nous pensons que le juge du
possessoire pourrait, selon les circonstances, reconnaître qu'il n'y a pas perte absolue de la saisine relativement au possesseur de la servitude ; d'ailleurs
celui-ci peut, s'il craint de perdre la possession
annale, rétablir les choses dans leur état primitif ;
mais s'il n'apporte aucun changement dans la disposition des lieux, de manière à rendre possible l'exercice de la servitude', il doit s'en prendre à lui-même
si sa possession est perdue, bien qu'il subsiste
quelques signes qui témoignent de son existence
passée : ainsi nous ne déciderions pas avec M. Vazeille
que le propriétaire qui a fait murer une fenêtre conserve la possession de la servitude de vue pour avoir
laissé en évidence le tableau de son encadrement ;
ou qu'il n'y a point perte de la servitude d'égout, bien
que les toits tombent en ruines, si cependant les
murs qu'ils couvraient restent encore debout et en
marquent la pente (Vazeille, *de la Prescript.* t. I,
nº 421).

Les servitudes continues s'exerçant d'elles-mêmes,
le propriétaire servant ne peut être en possession de
la liberté de son héritage tant qu'elles restent dans
le même état. Pour qu'il soit à même d'affranchir son
fonds, il faut que l'exercice de ces servitudes soit
rendu matériellement impossible par une disposition
nouvelle dans l'état des lieux, qu'il ait été fait un
acte contraire qui soit un obstacle à leur usage ;
encore est-il nécessaire que l'œuvre qui constitue le

*contrarium actum* soit apparent et permanent ; de plus, comme le propriétaire servant devient par ce fait en possession de la liberté de son fonds, il importe que cette possession soit exempte de vices, pour qu'elle ait quelque efficacité. Pothier recommandait que l'*actum contrarium* ait été effectué *nec vi, nec clam, nec precario,* ajoutant que le vice de précarité pouvait rendre la possession inefficace vis-à-vis d'un propriétaire qui aurait concédé à précaire le droit de faire un acte contraire, sans que la *possessio libertatis* cessât de courir à l'égard d'un second propriétaire auquel la servitude serait également due, et qui n'aurait point consenti de *precarium* (Introd. au tit. XIII de la Cout. d'Orléans).

Il n'y a point lieu de distinguer par qui l'acte a été fait : qu'il émane du propriétaire servant ou d'un de ses représentants, fermier, usufruitier, etc., ou qu'il émane du propriétaire dominant, le résultat sera le même. Cette solution, toutefois, est combattue par M. Pardessus, qui, invoquant l'autorité de cette même loi 6, *de serv. præd. urb.*, enseigne que le propriétaire servant doit, par son fait seul, rentrer en possession de la liberté de son héritage ; que c'est à lui, du reste, intéressé qu'il est à l'affranchissement de son fonds, à protester contre l'état de choses qui l'assujettit, et à entreprendre cette innovation à laquelle est attachée cette *possessio libertatis*.

Mais la loi romaine n'a plus d'application dans notre droit, où les servitudes s'éteignent indistinctement par le non-usage ; de plus, l'art. 707, qui exige cet acte contraire, n'établit non plus aucune distinction relative à la personne qui en doit être l'auteur, et, dans le doute, c'est la doctrine la plus favorable à la liberté des héritages qui doit prévaloir. Est-ce que ce changement dans la disposition des lieux n'annonce pas, lorsqu'il émane du propriétaire dominant, l'intention évidente de renoncer à la servitude ? Et si cet acte contraire n'affranchit pas le fonds servant, comment le propriétaire de ce fonds pourra-t-il recouvrer la liberté de son fonds ? En conséquence, nous n'hésitons pas à dire que si le propriétaire dominant vient à combler en partie l'aqueduc qui amène l'eau sur son fonds, et qu'il ne rétablisse pas les lieux dans l'année, il aura perdu la saisine possessoire de la servitude d'aqueduc, et le propriétaire servant serait fondé à se plaindre si, après ce délai, le propriétaire dominant exerçait à nouveau la servitude. Il est vrai que celui-ci, n'ayant point perdu le *jus aquæductus*, qui ne s'éteindrait que par trente ans de non-usage, triompherait au pétitoire de son adversaire ; aussi n'est-il guère probable que le propriétaire asservi n'intente une complainte possessoire pour se faire maintenir en sa *possessio libertatis ;* mais, bien que cette question soit plus théorique que pratique, nous croyons qu'elle ne mérite pas moins une solution, et nous tenons pour celle que nous venons de donner.

MM. Aubry et Rau ne contestent pas que le propriétaire de l'héritage grevé ne jouisse en fait de la liberté de cet héritage, mais ils se refusent à admettre que cette jouissance, cette *possessio libertalis* constitue une possession de nature à fonder l'action possessoire, parce que le résultat d'une prescription extinctive n'implique, selon eux, aucune idée de possession de la part de celui au profit duquel elle s'accomplit. « En effet, disent-ils, si le seul fait du non-exercice de la servitude constituait pour le propriétaire de l'héritage servant une possession utile de liberté, la continuation de cette possession devrait, au bout de dix à vingt ans, entraîner usucapion de la franchise au profit du tiers acquéreur, avec juste titre et bonne foi; et, par cela même qu'il n'en est pas ainsi, la simple jouissance annale de liberté ne peut pas davantage fonder une action possessoire à l'effet de s'y faire maintenir. La définition que l'art. 2228 donne de la possession vient d'ailleurs à l'appui de cette manière de voir, puisqu'il n'est pas possible de dire que celui qui jouit en fait de la liberté de son héritage exerce pour cela un droit spécial formant l'objet d'une possession distincte de l'héritage même. » Mais il ne s'agit pas non plus ici de la possession d'un droit spécial, comme celle d'une servitude qu'on exerce (1). Le propriétaire servant qui jouit de la liberté de son fonds n'entend pas posséder autre chose que son fonds; mais il ne le possède plus dans les mêmes conditions qu'auparavant. En effet, lorsque le propriétaire dominant exerçait sa servitude, la jouissance du propriétaire servant était restreinte : elle ne portait que sur cette partie du fonds qui n'était pas assujettie; et, maintenant qu'il est libre, il ne le possède plus sous un certain rapport seulement, mais dans son individualité tout entière; et il lui suffit d'exercer cette possession franche et libre pendant l'année pour être

---

(1) M. Belime considère aussi à tort cette possession de liberté comme une possession distincte de celle de l'héritage, comme une sorte de quasi-possession. C'est là une erreur : la possession de liberté est le droit commun des héritages; et vous êtes censé l'avoir par cela même que votre adversaire n'exerce pas une possession contraire.

autorisé à repousser au possessoire toute entreprise
qui tendrait à la restreindre. Enfin MM. Aubry et
Rau prétendent que si l'on reconnaît une telle efficacité à la possession de liberté, il faut décider également
que le tiers acquéreur qui continue cette possession
pendant dix et vingt ans prescrira cette franchise à
l'expiration de ce délai ; or, disent-ils, cette solution
est en contradiction avec l'art. 706, qui n'admet d'autre
terme pour l'extinction des servitudes par le non-
usage que celui de trente ans. Mais cet article ne se
rapporte qu'à la prescription libératoire, et ici il s'agit
d'une prescription acquisitive ; le possesseur de bonne
foi acquiert par dix ou vingt ans tout ce qu'il a possédé ; or il a possédé la propriété pleine et entière,
donc il l'a acquise franche de toutes charges ; et quand
bien même cette prescription n'opérerait point, s'ensuit-il, parce que la servitude ne sera éteinte que par
trente ans de non-usage, que le propriétaire servant
ne puisse être en possession de la liberté de son héritage ? Sans doute il est exposé à subir l'exercice de
cette servitude, tant que cette extinction ne sera pas
accomplie, de la même manière que le possesseur en
voie de prescrire un immeuble est exposé à l'action
en revendication du propriétaire ; mais dès lors qu'il
y a extinction, c'est qu'il n'y a pas eu possession de
la part du propriétaire dominant, et qu'au contraire
le propriétaire servant a pu librement et sans restriction exercer le *dominium* tout entier.

Quant aux servitudes continues qui ne s'exercent
qu'avec une certaine intermittence et périodicité,
comme quelques conduites d'eau pour l'exercice des-
quelles il faut ouvrir une vanne ou lever une bonde,

la prescription extinctive s'appliquera dans les mêmes conditions, c'est-à-dire lorsque l'état des biens constitutif de la servitude aura subi un changement tel, qu'il sera impossible d'en user. Cependant M. Dupret (*Revue de droit français et étranger*, t. III, p. 828) a soutenu un système contraire quant à la servitude de prise d'eau, qu'il considère comme éteinte non lorsqu'il qu'il n'y a plus possibilité de l'exercer, mais si le propriétaire est resté trente ans sans prendre de l'eau. En droit romain, il est vrai, l'*aquaeductus* était regardé comme une servitude discontinue susceptible de s'éteindre par le non-usage (D., 10, *quemad. serv. amitt.*); mais chez nous il est rangé parmi les servitudes continues, parce qu'il suffit de le mettre en état de s'exercer, pour que l'exercice s'en fasse régulièrement, indépendamment du fait de l'homme; aussi est-il nécessaire que l'aqueduc soit en ruines ou comblé pour que la servitude puisse être éteinte.

Si le changement d'état des lieux résulte d'un cas de force majeure, et qu'il produise une impossibilité matérielle d'user de la servitude, la possession sera-t-elle entièrement perdue? Le droit romain décidait, en ce cas, qu'il y avait perte de la possession (*corpore*); mais il y avait lieu alors à une restitution *in integrum*. Notre Code ne distingue point entre l'impossibilité résultant du fait de l'homme et celle qui provient de circonstances indépendantes de la volonté humaine; le *factum*, le *corpus* qui constitue la possession a-t-il disparu, il n'y a plus moyen d'exercer la servitude, et, par conséquent, la possession est nécessairement perdue. Il est vrai qu'il n'y a aucune faute à reprocher au possesseur, ni aucune renonciation à supposer de sa

part ; mais ce serait une erreur que de s'imaginer que
le non-usage ne fait perdre la possession que lorsqu'il
y a négligence ou présomption de renonciation à imputer au possesseur de la servitude. Si l'art. 704, C. civ.
apporte un tempérament à la rigueur du principe qui
subordonne l'existence des servitudes à la possibilité
de leur exercice , en décidant qu'elles revivent si les
choses sont rétablies de manière qu'on puisse en user,
il ne faudrait pas croire que la possession n'est pas
alors censée perdue , et qu'elle se continue comme
s'il n'y avait pas eu interruption : cette disposition n'a
été établie qu'en faveur du droit lui-même, et non en
faveur de la possession dont cet article suppose
l'inexistence, puisqu'il prévoit l'hypothèse où la servitude sera restée trente ans sans être exercée (704, *in
fine*). En conséquence, le propriétaire qui a rétabli les
lieux dans leur état primitif ne pourra se prévaloir de
la saisine possessoire de la servitude, dont il a maintenant la jouissance, qu'après une année d'exercice.

## SECTION II.

### DE LA POSSESSION DES SERVITUDES DISCONTINUES.

Les servitudes discontinues sont celles qui ne
peuvent s'exercer sans le fait actuel de l'homme.
Leur possession s'acquiert par l'accomplissement de
l'acte au moyen duquel elles s'exercent , pourvu qu'il
ait été effectué avec l'intention de maître et *jure
servitutis*. Mais il résulte de l'art. 691 du Code civil
une présomption de précarité exclusive de l'intention
de maître pour ces servitudes, lorsqu'elles sont exer-

cées par une personne autre que celle qui y a droit. Aussi est-ce à cause de ce caractère de précarité et de simple tolérance que la possession des servitudes discontinues n'est d'aucune utilité pour faire acquérir la prescription ou les actions possessoires sans un titre qui la colore et la purge de ce vice présumé.

Le principe de leur imprescriptibilité ne se trouve donc point, comme on l'a prétendu, dans leur défaut absolu de continuité (Delvincourt, Duranton, Pardessus et Marcadé, etc.). Nous avons déjà prouvé que la concordance des mots avait fait illusion, et que c'était à tort qu'on leur avait refusé le caractère de continuité exigé par l'art. 2220. S'il fallait entendre la continuité qui rend la possession utile à l'effet de prescrire, comme se composant d'une série d'actes de jouissance qui se lient entre eux sans être séparés par aucun intervalle, par aucune intermittence, aucune possession ne serait continue; il n'y aurait même aucune possession possible, car on ne peut exiger d'un possesseur qu'il se tienne continuellement sur le fonds qu'il possède, et qu'il fasse sans cesse des actes de maître sur sa chose. Il n'est pas nécessaire en effet qu'il soit en rapport permanent avec celle-ci pour qu'il ait une possession continue : il suffit qu'elle ait été l'objet d'actes de jouissance conformes à sa nature, que la possession n'ait pas été abandonnée et reprise, qu'elle ait été continuée avec un certain caractère de persévérance, sans aucun délaissement, et suivant les besoins et l'intérêt du possesseur. Aussi, lorsque les servitudes continues s'exercent sans intermittence anormale et selon le mode et les faits de jouissance dont elles sont susceptibles, il y a en réalité possession continue, et il est impossible de présumer chez le possesseur la perte de l'*animus* ou la renonciation à l'usage de la servitude qu'il possède.

Le véritable motif est, comme nous le disions, dans la présomption de la loi, qui considère cette possession comme le résultat de la tolérance et des rapports de bon voisinage; et, par conséquent, elle est toujours réputée équivoque et précaire. Cette présomption ne disparaît qu'en présence d'un titre qui vient attester que le possesseur exerce à titre de maître, et que le propriétaire servant a consenti à l'abandon de ses droits.

Cette présomption légale de tolérance a pour fondement l'utilité qu'il y a pour la société à maintenir les relations bienveillantes et les bons offices qui s'échangent ordinairement entre voisins. La prescriptibilité de ces choses, qu'il est d'usage de se permettre entre propriétaires, eût été effectivement la source de vexations et de querelles; elle eût rendu la propriété intraitable et défiante, et eût été continuellement un obstacle regrettable à la multiplicité de ces services que comporte le voisinage, s'ils eussent dû tourner contre leurs auteurs et faire acquérir, à leur préjudice, des droits dont ils n'entendaient nullement se dessaisir (Belime, n° 256; Demolombe, n° 786, t. II, *des Servit.*). Tels sont les motifs dont s'est inspiré le législateur, comme le prouvent ces paroles d'un membre du Tribunat : « disposition morale qui appelle les procédés obligeants. Combien de bons offices seraient refusés si une simple tolérance par le laps de temps pouvait devenir un titre de servitude! » (*Exposé des motifs sur la prescript.*, par le tribun Savoie-Rollin).

On décide généralement qu'un acte de délivrance n'est pas suffisant pour fonder la possession des servitudes discontinues, s'il ne s'y joint un titre qui en confère l'exercice. Ainsi celui qui aurait consenti la délivrance de bois, de sable, de marne, de chaux, etc., aurait le droit de demander la représentation du titre, s'il y avait contestation sur la possession des servitudes de ce genre. Il va de soi que l'absence d'acte de délivrance empêche *a fortiori* que la possession puisse s'y appliquer utilement. Cependant M. Proudhon prétend que le droit d'extraire de la pierre et du sable peut se prescrire par trente ans de possession, parce qu'il l'assimile à un droit d'usage, qui, comme le droit d'usufruit, est susceptible de prescription. Cependant on ne peut contester que ce droit d'extraction ressemble beaucoup plus à une servitude discontinue, surtout s'il est exercé au profit d'un fonds. Les jurisconsultes romains avaient d'ailleurs classé ces *jura arenæ fodiendæ*, *lapidis eximendi*, etc., parmi les servitudes discontinues, et nous pensons qu'il doit en être ainsi chez nous, quand la concession de ces droits ne sera point personnelle.

Sous l'ancien droit, la possession immémoriale, ou tout au moins centenaire, équivalait, dans certaines coutumes, à un titre constitutif et servait à constituer les servitudes discontinues : *Hujusmodi tempus*, disait Dumoulin, *habet vim constituti, nec dicitur præscriptio, sed titulus; et nunquam censetur exclusa etiam per legem prohibitivam, nec per quæcumque verba quamcumque præscriptionem excludentia*

(Concil., 20, n° 24). Pothier admettait également qu'une longue possession consacrée par le temps pouvait en changer les caractères. L'art. 691 du Code civil a déclaré au contraire que la possession, même immémoriale, ne serait d'aucun effet pour l'établissement des servitudes discontinues, parce que la possession qui est présumée précaire à l'origine doit toujours être présumée telle. Ce même article autorisait cependant, dans sa disposition finale, la preuve d'une possession immémoriale en faveur des servitudes acquises de cette manière avant la promulgation du Code. Si cette preuve reposait uniquement sur le témoignage des hommes, elle serait devenue complétement impossible, puisqu'il n'existe plus, de nos jours, des témoins qui ont pu constater *de visu* les faits de possession de cette nature (1); mais elle peut se faire aussi au moyen des présomptions et des inductions que fournissent les inscriptions, les bornes, l'existence et l'ancienneté de quelques ouvrages d'art. Quoi qu'il en soit, nous pouvons dire avec M. Troplong que le moment ne tardera pas à venir, s'il n'est déjà venu, où cette preuve manquera totalement aux possesseurs. Cependant le même auteur nous fait observer que, quand bien même il serait impossible de déterminer l'origine de la possession, et que le dernier terme à la connaissance des hommes vivants n'atteindrait pas le temps fixé par la prescription avant le Code, les juges pourraient trouver dans les faits allégués la

(1) On exigeait que les témoins eussent au moins cinquante-quatre ans pour qu'ils fussent à même d'éclairer les juges sur l'origine et la durée de la possession, et cela avant la promulgation du code. Il en résulte que cette preuve par témoins ne put se faire vraisemblablement que dans la première moitié de ce siècle.

preuve que la servitude existait depuis trente ou qua-
rante ans avant la promulgation du Code (Cour de
cass., 1er juillet 1839).

Si le titre, au lieu d'émaner du véritable propriétaire du fonds asservi, comme l'exige l'art. 695 du
Code civil, avait été consenti *a non domino*, par celui
que le possesseur de la servitude avait cru de bonne
foi le propriétaire servant, ce titre putatif suffirait-il
pour effacer le caractère de précarité qui empêche la
possession d'avoir quelque efficacité ? ne peut-on pas
dire que celui qui a reçu ce titre possède désormais
avec l'idée de maîtrise *animo domini*, et que, conformément à l'art. 691, il y a établissement de la servitude en vertu d'un titre ?

Non, ce n'est pas au titre coloré que la loi attache
cet effet de produire une possession utile. Le titre ne
peut effectivement conférer le droit de servitude, puisqu'il n'émane pas du véritable propriétaire ; or la
possession ne peut non plus conduire à cette acquisition, puisque l'art. 691 ne reconnaît d'autre mode
de constitution que le titre. Du reste, ce titre, s'il suppose l'idée de maîtrise chez celui qui le produit, ne
saurait purger la possession du vice de précarité à
l'égard du véritable propriétaire. Rien ne prouve qu'il
ait consenti à se dessaisir de son droit en sa faveur ; il
peut même ignorer l'exercice de cette servitude, ou,
s'il en a connaissance, le tolérer par pure familiarité.

Il est vrai que nos anciennes coutumes admettaient
communément qu'un titre coloré pouvait servir de
base à la possession. Mais s'il en était ainsi, c'est que
la longue jouissance équivalait à un titre, et qu'il
était assez logique de lui faire produire un effet plus

considérable lorsqu'elle s'appuyait sur un titre quelconque.

Il est à remarquer que le titre qui émanerait des
anciens propriétaires du fonds dominant ne serait
également d'aucune efficacité, et que l'acquéreur qui
représenterait un acte de vente dans lequel il aurait
été stipulé qu'il jouirait d'un droit de passage comme
en ont joui ses auteurs ne serait pas fondé néanmoins
à s'autoriser de sa possession pour prétendre à la prescription ou à l'exercice des actions possessoires : il
faut que le titre ait été consenti par le propriétaire du
fonds asservi.

Mais si la possession s'appuyait sur une contradiction opposée au droit du propriétaire en vertu d'un
titre coloré, nous pensons que le titre et la possession
se compléteront l'un par l'autre. On ne peut dire en
effet qu'elle soit, dans ce cas, entachée de précarité
même vis-à-vis du véritable propriétaire, puisque la
notification du titre lui a fait connaître les prétentions
qu'a le possesseur d'user d'un droit contre lui, et l'a
mis en demeure de s'opposer à cet exercice; dès lors
qu'il le laisse s'arroger un droit à son préjudice sans y
faire obstacle, c'est qu'il consent à lui en faire l'abandon : *ex scientia consensus facit;* et même ce silence
semble supposer une convention qui serait intervenue
entre eux, ou tout au moins une sorte d'adhésion, sinon
une ratification, donnée implicitement à la constitution
de la servitude faite *a non domino.*

Quant à la contradiction qui n'est pas accompagnée
d'un titre coloré, nous hésiterions davantage à lui
reconnaître ce pouvoir, parce qu'elle ne peut être considérée comme une *justa causa*, ni comme une sorte

d'intervention de la possession. La contradiction dont il est question dans l'art. 2238 du Code civil, et qui a pour effet de changer la nature de la possession, ne s'applique qu'à une chose qui peut se prescrire sans titre, et à ces personnes qui possédaient antérieurement pour autrui et prétendent désormais posséder pour elles-mêmes. Cependant M. Troplong tient pour l'affirmative : Les actes de passage, dit-il, sur le fonds d'autrui, les actes de puisage et autres semblables ne fondent pas une possession de nature à être défendue par les actions possessoires. Mais si l'on en jouit après contradiction, alors commence un errement nouveau. On ne peut plus présumer la tolérance de la part du propriétaire qui a résisté, et une possession suffisante sort de ce choc (*Prescription*, t. I, n° 393 ; Proudhon, *Traité de l'usuf.*, t. VIII, n° 3583). Nous convenons avec M. Troplong qu'elle purge le vice de précarité ; mais peut-elle, avec la restriction si rigoureuse de l'article 691 du Code civil, servir de base à la prescription et, par là même, aux actions possessoires ? Sans les termes si explicites de cet article, nous nous rangerions certainement à son opinion. Toutefois, si la contradiction est impuissante par elle-même à constituer une possession légale, ne serait-il pas possible d'interpréter le silence du propriétaire servant, après une mise en demeure de cette nature, comme une reconnaissance tacite du droit du propriétaire dominant?

Lorsque la possession s'est étendue au-delà du droit conféré par le titre, elle continue d'être entachée du vice de précarité pour tout ce qui a été fait au-delà du titre ; elle ne vaut pas plus pour changer le mode

do la servitude et l'aggraver que pour fonder une nouvelle (arg. des art. 691 et 708 C. civ.).

De même, si, au lieu d'exercer la servitude qui vous
a été constituée, vous en exercez une autre, vous
perdrez la première par le non-usage, et vous ne pour-
rez acquérir celle dont vous avez joui. Si vous en usez
d'une manière moins avantageuse, vous conserverez
votre droit, avec la restriction toutefois que vous vous
êtes imposée. Mais si le mode d'exercice était tout
autre que celui qui avait été déterminé par le titre,
on s'exposerait à perdre le droit de servitude sans
pouvoir acquérir un nouveau droit.

Quand le titre est muet sur le mode et les conditions d'exercice de la servitude, la possession sera
souvent le meilleur moyen d'interpréter la volonté des
parties, et l'on pourra décider par exemple que la
servitude de passage qui a été exercée pendant trente
ans par le même endroit continuera à l'être, sans
qu'il y ait besoin d'une autre assignation. Mais nous
n'étendrions pas cette solution au cas où le lieu d'exercice a déjà été fixé par un titre, bien que M. Demolombe enseigne que la jouissance du nouveau mode
peut non-seulement conserver la servitude de passage,
mais encore déplacer l'assignation primitive et la reporter à l'endroit où elle s'est exercée. Les faits de
possession ne sauraient apporter aucun changement à
l'assiette d'une servitude, lorsqu'elle a fait l'objet
d'une réglementation spéciale entre les parties.

Si les servitudes ont cessé d'exister par suite du
non-usage, la possession pourrait-elle les faire renaître? Selon M. Demolombe, le propriétaire servant
qui laisse le possesseur de la servitude commencer

des actes de possession après trente ans de non-usage
est censé renoncer à la prescription acquise, et la servitude revit alors, comme si elle n'avait pas été perdue. Il est cependant difficile de concevoir qu'une
servitude qui est éteinte ne le soit pas irrévocable-
ment, et qu'elle puisse renaître par cela seul qu'on
commence à en jouir. Sans doute, si le propriétaire
servant n'invoque pas la prescription extinctive, il est
permis de supposer qu'il a renoncé à l'invoquer, et,
comme elle n'opère pas *ipso jure*, le propriétaire dominant pourra continuer à posséder; mais s'ensuit-il
que la servitude soit présumée avoir continuellement
subsisté, qu'elle revive comme dans le cas de l'art. 704 ?
nullement, puisque le propriétaire dominant a droit
de se prévaloir de cette prescription.

Ainsi, il ne suffirait pas de rapporter un titre, à
quelque date qu'il ait été souscrit, et de prouver des
faits de possession accomplis depuis moins de trente
ans pour avoir droit de prétendre à la conservation de
la servitude. Quoiqu'un arrêt de cassation du 3 avril
1838 semble se prononcer en ce sens, nous pensons
que ces actes isolés n'ont aucune influence sur le sort
de la servitude; autrement on pourrait toujours, au
moyen d'un acte de jouissance exercé depuis moins
de trente ans avant l'action intentée par le demandeur,
faire renaître une servitude éteinte depuis de longues
années peut-être.

On peut perdre la possession d'un fonds par l'effet
d'une prescription acquisitive sans perdre celle d'une
servitude qu'on n'a pas cessé d'exercer sur ce fonds;
car celui qui a prescrit le fonds n'a possédé que sous
la réserve de cette servitude, et n'a pu prescrire éga-

lement que sous cette réserve : *Tantum præscriptum quantum possessum.*

Les servitudes discontinues se conservent par l'accomplissement des actes ou des faits de l'homme qui les constituent, et tant que l'état des lieux reste tel que cet exercice en soit toujours possible. Il faut, de plus, que ces faits de possession soient assez fréquents pour faire présumer chez le possesseur l'intention de continuer à jouir de la servitude. Ils peuvent être accomplis soit par le propriétaire dominant lui-même, ou par un de ses représentants.

On retient également la possession par le fait d'un copropriétaire tant qu'il y a indivision ; mais, après le partage, chaque copartageant exercera pour lui seul la servitude, et, s'il vient à la perdre par le non-usage, la jouissance des autres copartageants ne sauvegardera pas la sienne. Si c'est le fonds asservi qui se trouve soumis à un partage, et que le propriétaire dominant qui a par exemple la servitude de passage ait le droit, d'après son titre, de l'exercer indistinctement sur toutes les parties du fonds, devra-t-il, pour conserver la saisine possessoire, exercer le passage sur chaque lot, ou lui suffira-t-il de passer indifféremment sur telle ou telle partie? Et d'abord, y a-t-il autant de servitudes distinctes qu'il y a de parts séparées? *plusculum dubitationis ea res habet.* Il nous semble cependant que chaque partie est grevée de la servitude de passage, puisque le fonds tout entier l'était avant le partage ; celui-ci n'a pu modifier le droit du propriétaire dominant, qui n'y a point participé: il est à son égard *res inter alios acta.* En passant sur un point quelconque du fonds, il exerce la servitude conformément à son titre, et, par cette possession, il la conserve intégralement.

M. Belime repousse cette solution, et, d'après lui, les parts sur lesquelles la servitude n'a pas été exercée sont en possession de leur liberté ; car si l'on admettait qu'elles fussent encore assujetties, il faudrait décider qu'elles le seraient même après trente ans, bien qu'il existât une clôture ou des constructions sur cette partie du fonds qui n'a point été l'objet d'actes de passage, de sorte que le possesseur conserverait à perpétuité le droit de réclamer le passage en faisant des actes de jouissance sur les parts des autres. — M. Belime oublie probablement que, dès que l'exercice de la servitude est devenu impossible par un *actum contrarium*, la prescription extinctive est applicable, et le propriétaire dominant, s'il ne fait aucune opposition, perdra la saisine possessoire de son droit, et même son droit tout entier après un délai de trente ans ; mais, tant qu'il pourra exercer la servitude, il conservera son droit sur toutes les parties du fonds en faisant des actes d'exercice sur telle partie qu'il voudra. Il est vrai que, dans la pratique, les choses ne se passeront pas ainsi, parce qu'il y aura nécessairement un règlement qui fixera l'assiette de la servitude. Chaque copartageant est intéressé, en effet, à demander l'assignation du lieu d'exercice.

Il ne faudrait pas croire que le maintien des signes et des ouvrages apparents qui manifestent l'existence des servitudes discontinues dispense de faire des actes de jouissance et conserve par cela seul la possession de ces servitudes. L'apparence ne change point leur caractère ; elles ne deviennent pas continues, parce qu'elles s'annoncent extérieurement par des ouvrages d'art. Peut-être le législateur aurait-il dû tenir compte de ce fait d'apparence, parce que, dans ce cas, il n'y a pas lieu de supposer la tolérance de la part du propriétaire servant, et qu'il n'existe aucun doute sur les prétentions du propriétaire dominant : *Sed ubi lex non distinguit, non distinguere debemus.* Aussi, que la servitude s'annonce ou non par des signes extérieurs, la possession en est perdue dès qu'il y a cessation volontaire des actes d'exercice, ou si, par suite des changements opérés soit dans le fonds dominant, soit dans le fonds servant, il est devenu impossible d'exercer la servitude.

Si cependant le titre ou la nature de la servitude ne comportait que des faits de jouissance qui ne peuvent s'accomplir qu'à des intervalles de temps très-peu rapprochés, il serait injuste de prononcer une déchéance lorsque le possesseur n'est pas en faute et qu'il n'a pu user de la servitude autrement que ne l'exigeait le titre ou la nature même de cette servitude. Il est donc logique de faire courir le délai à partir du jour où un nouvel acte de jouissance pouvait être fait et qu'il n'a pas été renouvelé, car c'est à partir de ce jour seulement que l'inaction du possesseur est inexcusable, et qu'elle implique renonciation au droit de servitude. Si l'art. 707 du Code civil a fixé le point de départ de la prescription extinctive à dater du dernier acte de jouissance, c'est qu'il vise et prévoit les cas les plus ordinaires, où les servitudes peuvent s'exercer en tout temps, *quovis momento;* mais il ne se rapporte point à celles dont l'exercice est soumis à des intermittences forcées, à des inter-

valles plus ou moins longs de périodicité, et à un renouvellement indéterminé. Supposons, par exemple,
que la servitude de passage n'ait été accordée que
pour la réparation d'une usine, d'une écluse ou d'un
édifice quelconque : les faits de possession ne pourront
être exercés tant qu'il ne sera pas nécessaire de faire
des réparations. Il en est ainsi du droit de marron-
nage, qui consiste dans la faculté de prendre du bois
de construction dans une forêt pour rétablir les bâtiments. La possession ne peut donc se perdre que si
le propriétaire néglige, le cas échéant, de prendre du
bois ou répare ses bâtiments avec du bois provenant
d'une autre exploitation.

Lorsque la possession est perdue par suite d'une
impossibilité matérielle d'exercer la servitude, il n'y
a pas à distinguer si cette impossibilité résulte d'un
fait volontaire ou d'un cas de force majeure, car le
*corpus possessionis* n'existe plus. Cependant MM. Aubry et Rau prétendent, dans ce dernier cas, que la
possession de la servitude serait conservée s'il restait
des vestiges non équivoques de son existence (*Cours
de droit civil,* t. II, p. 170). Nous ne sommes point de
cet avis ; puisque les ouvrages au moyen desquels
s'annoncent ces servitudes sont impuissants à les conserver indépendamment des faits d'exercice, comment
des vestiges pourraient-ils produire ce résultat ?

Est-ce le propriétaire assujetti qui doit prouver qu'il
n'a été fait aucun acte d'exercice, ou est-ce au contraire
au propriétaire dominant d'établir que l'usage a eu
lieu ?

Si le propriétaire dominant n'est point en possession de la servitude et prétend qu'elle lui est due, il

devra prouver les faits d'exercice ; car, en matière de preuve, l'obligation de prouver est imposée à celui qui affirme (art. 1315, C. civ.). Si, au contraire, il est en possession, comme il n'a rien à demander, ce sera au propriétaire servant qui invoque la prescription extinctive à en faire la preuve.

## SECTION III.

### DE LA POSSESSION DES SERVITUDES NÉGATIVES.

Les servitudes négatives sont celles qui astreignent un propriétaire à ne pas faire certains actes sur son propre fonds, comme à ne pas bâtir, à ne pas planter, etc. Leur possession résulte de l'abstention du propriétaire servant, sans qu'il soit nécessaire que le propriétaire dominant fasse quelque acte matériel d'appréhension sur le fonds de ce dernier. Cette absence de faits matériels a fait croire à certains auteurs qu'elles n'étaient pas susceptibles de possession.

Cependant le bénéfice résultant de l'abstention du propriétaire servant ne constitue-t-il pas, pour le propriétaire dominant, l'exercice du droit qui consiste uniquement à empêcher celui-là d'agir ? S'il a la servitude *non œdificandi* sur le voisin, ne jouit-il pas des avantages que cette servitude confère, par cela même qu'il n'y a point de construction qui l'offusque ? Dès lors que l'état des lieux me permet de l'exercer de la seule manière dont elle peut l'être, ne puis-je pas me prétendre en possession de la servitude ?

Mais si cette possession existe véritablement, a-t-elle au moins les caractères nécessaires pour servir de base aux actions possessoires? On peut dire qu'une possession qui ne se manifeste par aucun acte de jouissance est clandestine, précaire et équivoque. Il est clair que je ne serais pas fondé à me prétendre possesseur de la servitude *non œdificandi* parce que mon voisin n'aurait pas construit sur son terrain; il est libre de construire ou non tant qu'il ne s'est pas engagé à ne point construire. Il n'y a point de possession dans ce cas, puisque les actes de pure faculté ne peuvent constituer aucune possession utile, et que si d'ailleurs elle existait elle serait en effet entachée du vice de précarité. Mais s'il existe un titre qui interdise au propriétaire servant d'élever aucune construction, « une pareille abstention, disent MM. Aubry et Rau, rapprochée du titre constitutif de la servitude, ne peut plus être considérée comme le non-exercice volontaire d'une faculté. Résultat de la nécessité que la servitude imposait au propriétaire du fonds grevé, cet état d'abstention réalise par cela même l'exercice de la servitude. » La disposition des lieux, en conformité avec le titre, constitue une jouissance réelle et effective qui n'a rien de précaire; car la servitude fondée en titre paraît d'un côté être exercée comme un droit, et de l'autre être soufferte comme une nécessité. S'il en était autrement, si cet état de choses conforme au titre n'attribuait pas une possession véritable, il en résulterait que ces servitudes seraient éteintes trente ans après qu'elles auraient été établies, puisque, n'étant pas possédées, elles seraient proscrites par le non-usage, quoiqu'il n'ait été fait aucun acte contraire à l'exercice de la servitude; or l'art. 707 du Code civil s'oppose à cette conséquence.

Notre ancien droit les considérait comme susceptibles de possession. La contradiction au droit du propriétaire suffisait pour fonder une possession utile, car
elle effaçait les caractères de précarité et de clandestinité dont il aurait pu, sans cela, se prévaloir (Dunod,
*Des Prescriptions*, n° 202). L'art. 691 du Code civil ne
permet point aujourd'hui de lui reconnaître une telle
efficacité, puisque, aux termes de cet article, les servitudes non apparentes ne peuvent s'acquérir que par
titres, à moins cependant qu'on n'interprète le silence
du propriétaire sommé de n'avoir pas à faire un acte
contraire à la servitude comme une reconnaissance
tacite du droit du propriétaire dominant. Et si la contradiction s'appuyait sur un titre consenti *a non domino*, nous ne ferions point de difficulté d'étendre ici
la solution que nous avons déjà donnée à propos des
servitudes discontinues.

La possession de ces servitudes se conserve tant que
l'état des lieux reste tel qu'il soit possible de les exercer de la manière dont elles peuvent l'être. Mais dès
qu'un acte contraire fait obstacle à leur exercice, il y a
perte de la possession (arg. de l'art. 707, C. civ.), et le
propriétaire servant peut commencer à prescrire la
liberté de son héritage. Il ne suffirait pas, pour acquérir cette *possessio libertatis*, d'avoir acheté le fonds
franc et libre de toute servitude; *cent années se seraient
écoulées*, disait Basnage, *depuis cette vente, qu'il n'y
aurait pas prescription de la liberté*, et l'acquéreur
obligé de subir cet assujettissement n'aurait qu'un
recours en garantie contre son vendeur.

Il sera nécessaire généralement que le nouvel
œuvre soit terminé pour qu'il y ait perte du cor-

*pus possessionis :* ainsi il faudra que la plantation ait été faite, si la servitude négative consiste à ne pas planter; toutefois il peut se faire que l'exécution des premiers travaux constitue une entreprise contraire à l'exercice de la servitude. Dans ce cas, la possession serait perdue dès que les travaux seraient commencés. Ainsi, qu'un propriétaire soit obligé par le titre constitutif de ne pas faire des fouilles sur son terrain, il commencera à usucaper sa liberté dès qu'il aura ouvert les premières tranchées.

———

# CHAPITRE III.

## DES ACTIONS POSSESSOIRES EN MATIÈRE DE SERVITUDES.

Puisque les servitudes sont susceptibles de possession, le trouble apporté à leur jouissance doit donner ouverture à l'action possessoire. L'action en complainte, disait Pothier, a lieu non-seulement pour les héritages, mais même pour les droits incorporels qu'on a dans un héritage. Nous allons en étudier l'application dans chacune des classes que nous avons indiquées, et examiner séparément dans quels cas et et dans quelles conditions elle est mise en mouvement. Nous nous sommes déjà expliqué sur les motifs de notre division ; il ne nous reste plus qu'à entrer immédiatement en matière.

## SECTION I.

### DES ACTIONS POSSESSOIRES RELATIVES AUX SER-VITUDES CONTINUES.

L'action possessoire s'appliquait, sous l'ancien droit, aux servitudes continues ; l'ordonnance de 1667 permettait à celui qui était troublé dans la possession d'un droit réel de former complainte. Le possesseur annal qui peut se prévaloir d'une possession utile a également le droit, sous notre Code, de s'y faire maintenir toutes les fois qu'on porte atteinte à sa jouissance. Mais il importe qu'il ait exercé la servitude dans l'année ; en sorte que s'il y a eu constitution de la servitude par titre, et que le propriétaire dominant n'ait point fait d'actes d'exercice dans l'année, il faut décider qu'il n'a point la saisine possessoire et que, par conséquent, il n'est pas fondé à intenter la complainte. En effet, il n'a point la possession de la servitude puisqu'il n'a fait aucun acte d'exercice, et elle n'a pu lui être transmise puisque la servitude n'existait pas antérieurement. Quant au propriétaire servant, il est toujours resté en possession de la liberté de son héritage, et cette possession peut constituer une saisine possessoire véritable. Il est vrai que MM. Aubry et Rau déclarent que cette solution est inadmissible tant que la servitude n'est pas éteinte par le non-usage (t. II, p. 77, *Cours de droit civil*). Mais, si la *possessio liber-*

*talis* n'est pas définitive, si elle ne peut le devenir qu'après l'expiration des trente ans, est-ce une raison pour lui contester les effets ordinaires de toute possession?

Il ne suffirait pas non plus de s'être fait maintenir en possession par jugement possessoire pour conserver perpétuellement la saisine possessoire : il faut que la possession ne change point de nature ni de caractère. Aussi ne pourrait-on invoquer une sentence antérieure de maintenue en possession comme ayant l'autorité de la chose jugée, et la faire servir de base à une seconde action possessoire, sans s'appuyer sur d'autre preuve de possession effective ; le premier jugement possessoire ne préjuge rien sur l'état ultérieur de la possession (C. cass., 26 janvier 1869 ; Sirey, 69, 1, 206).

Parmi les servitudes continues, il en est quelques-unes qui résultent de la situation naturelle des lieux ou qui sont établies par la loi, comme celles d'écoulement et de prises d'eau, d'aqueduc et d'appui ; d'autres résultent du fait de l'homme. Les servitudes naturelles ne sont pas, il est vrai, susceptibles d'une possession distincte et indépendante du fonds ; mais elles peuvent donner lieu à la formation de certains états de choses constitutifs de servitude, auxquels la possession s'appliquera utilement ; c'est surtout à ce point de vue que nous nous proposons d'en parler maintenant, et que nous allons nous demander dans quels cas l'action possessoire sera mise en mouvement relativement à chacune d'elles.

*De l'écoulement des eaux.* — Aux termes de l'article 640, les fonds inférieurs sont assujettis, envers ceux qui sont plus élevés, à recevoir les eaux qui en découlent naturellement, sans que la main de l'homme y ait contribué. La servitude naturelle d'écoulement des eaux n'est pas, à proprement parler, une servitude, comme nous l'avons déjà démontré ; elle est un attribut de la propriété, dont elle fait partie intégrante ; toute entreprise qui y fait obstacle est plutôt un trouble porté à la possession du fonds qu'à l'exercice de la servitude. Il n'y a véritablement possession d'un droit, d'un *jus in re*, que lorsqu'au moyen de travaux et d'ouvrages d'art il s'établit un état de choses contraire à la disposition légale des lieux, et qui constitue, suivant les cas, une servitude active ou passive au profit ou au détriment d'un fonds à l'égard de l'autre. Ainsi le propriétaire inférieur qui, dans le cas de l'article 642, est en voie de prescrire l'usage de l'eau, a réellement la saisine possessoire de la prise d'eau qu'il exerce. De même, le propriétaire supérieur qui, par un changement dans l'état des lieux, modifie l'écoulement naturel des eaux de son fonds acquiert le droit de les déverser sur l'héritage inférieur autrement que ne le comportait la pente naturelle du terrain, et peut se faire maintenir en possession de ce droit par la complainte. Quoi qu'il en soit, examinons d'une manière générale quand il y a lieu d'agir au possessoire soit de la part du propriétaire supérieur, soit de la part du propriétaire inférieur.

Si le propriétaire inférieur élève une digue, un barrage qui a pour effet de faire refluer les eaux sur le fonds supérieur, il y a trouble possessoire qui donne ouverture à la complainte ou plutôt à la dénonciation de nouvel œuvre ; il en serait de même s'il établissait des ouvrages sur ce même fonds pour s'arroger la jouissance privative de l'eau. D'un autre côté, le propriétaire supérieur n'a pas le droit d'aggraver la situation du fonds inférieur en augmentant par des travaux faits de main d'homme le volume ou l'impétuosité du courant (1) : *Si forte aquam aut majorem fecerit, aut citatiorem, aut vehementiorem, aut si comprimendo redundare effecit* (D., L. 1, § 1, *de aqua et aquæ arcend.*). Il ne doit pas non plus la corrompre en y jetant des immondices ou des substances nuisibles et insalubres ; sinon le propriétaire inférieur serait fondé à exercer la complainte, et la circonstance que cette corruption proviendrait de bocards établis avec l'autorisation administrative ne ferait pas obstacle à cette action. Dans ces derniers cas, le propriétaire qui a ainsi aggravé la servitude naturelle ne pourrait se prévaloir d'une possession annale ; car elle serait délictueuse (LL. 28 sept. et 6 oct. 1791). Quand cette aggravation préjudicie à plusieurs propriétaires placés successivement les uns au-dessous des autres, l'action possessoire est accordée à chacun d'eux. M. Duranton va même jusqu'à leur reconnaître le droit d'actionner le propriétaire intermédiaire ; mais il faudrait pour cela qu'il ait contribué par son fait personnel à leur causer préjudice. Remarquons qu'il n'est pas nécessaire que le dommage existe en réalité pour qu'il y ait lieu de demander la suppression des ouvrages ou la cessation

---

(1) Le propriétaire supérieur a le droit de pratiquer dans le mur de séparation des barbacanes ou autres ouvertures destinées à donner une issue aux eaux qui découlent du fonds. Il ne faudrait pas non plus considérer comme trouble l'aggravation qui résulterait d'un changement de culture, bien qu'il ait eu pour résultat de provoquer un écoulement plus rapide et plus abondant.

des actes préjudiciables; il suffit que le dommage soit prochain, éventuel, pour qu'il y ait trouble : *hoc est de eo opere ex quo damnum timetur* (D., 14, § 2, *de aqua et aq. arc.*). Mais le propriétaire troublé, s'il ne concluait actuellement ni à des dommages-intérêts ni à la destruction des ouvrages, ne pourrait intenter son action seulement en vue de se préparer des moyens de preuves *in futurum*, pour les cas où les ouvrages entrepris viendraient à lui nuire. Notre procédure ne comporte plus ces voies d'instruction purement conservatoires, comme les expertises et les enquêtes d'examen à futur : il faut dénoncer le nouvel œuvre et demander la suppression des travaux (C. de cass., 14 août 1832, 26 juin 1843). Le juge de paix a non-seulement le pouvoir de condamner au rétablissement des lieux, mais aussi d'exiger, s'il est besoin, une indemnité, à quelque chiffre qu'elle puisse s'élever, parce que sa compétence en matière possessoire est illimitée, et qu'il juge toujours à charge d'appel.

*Des prises d'eau.* — Le propriétaire inférieur qui, comme nous l'avons vu, a appuyé des ouvrages apparents sur le fonds supérieur pour s'approprier l'usage et la jouissance de l'eau est autorisé à demander, en cas de trouble, le maintien de cet état de choses, s'il peut justifier d'une possession utile (641 et 642, C. civ.). Ainsi le propriétaire supérieur ne peut, sans porter atteinte à la jouissance annale du propriétaire inférieur, changer la direction du cours d'eau, ni absorber toute l'eau pour ses besoins ou son agrément personnel, sauf à revendiquer au pétitoire un droit privatif à l'eau qui coule sur son fonds, s'il n'y a pas acquisition de l'usage de cette eau au profit du pro-

priétaire inférieur. Si celui-ci en avait prescrit la jouissance, le propriétaire de la source pourrait toujours
en user, mais non d'une manière exclusive et absolue; il devrait s'en servir modérément : *Dic moderate
quando pro usu tantum familiæ; immoderate quando
ultra usum familiæ* (Cæpolla, tract. II, cap. IV, n° 84).
Toutefois M. Demolombe est d'avis qu'il a droit d'en
user de la manière qu'il lui plaît, avec toute liberté,
encore que cet emploi en diminuât le volume, pourvu
qu'à la sortie de son fonds il ne donne point à la partie des eaux qu'il n'aura pas absorbée une direction
qui en ôterait la jouissance au propriétaire inférieur
(t. I, n° 102, *Des Servitudes*).

Si le propriétaire de la source avait fait des travaux
pour faciliter l'écoulement et la chute de l'eau, le propriétaire inférieur, bien qu'il ait eu la jouissance de
cette eau pendant l'année, ne serait pas cependant
fondé à se prévaloir de travaux qu'il n'a pas exécutés,
et qui constituent à son égard une servitude passive.
Aussi ne pourrait-il se plaindre de ce que le propriétaire supérieur retient les eaux sur son fonds au moyen
d'une vanne qu'il a fait établir lui-même.

Il est quelquefois difficile de savoir, après un certain nombre d'années, quel est celui des propriétaires
qui a exécuté les ouvrages destinés à diriger les eaux
d'un fonds sur un autre, surtout s'ils sont de telle
nature que les propriétaires de chaque côté aient été
intéressés à les faire : c'est, par exemple, un canal
qui est creusé sur la limite des deux héritages. Le
juge du possessoire aura égard aux faits de possession,
et il maintiendra en jouissance celui qui indiquera
des actes d'exercice non équivoques; il pourra même

adjuger aux parties une jouissance commune, si les faits
de possession se contrebalancent de part et d'autre,
ou renvoyer le demandeur des fins de sa demande s'il
ne prouve pas une possession suffisante, et ce sera
aux juges du pétitoire qu'il appartiendra de décider quel est l'auteur et le propriétaire de ces ouvrages.

Il peut se faire que la nature des travaux, la disposition des lieux et surtout le mode d'exercice soient
tels que la jouissance de l'eau constitue pour le propriétaire inférieur une servitude discontinue; il est
évident que, dans ce cas, il ne pourrait exercer l'action possessoire, à moins qu'il n'y ait acquis le droit
à l'usage de l'eau en vertu d'un titre ou de la destination du père de famille.

Les eaux pluviales sont, comme les eaux de source,
susceptibles de possession utile. Lorsqu'elles coulent
sur la voie publique, elles sont des *res nullius*, et tout
riverain a le droit de les dériver sur son fonds et de
se les approprier; dès lors qu'elles reçoivent une destination privée, leur usage doit donner ouverture à la
complainte dans les mêmes circonstances que l'usage
des eaux de source. La jurisprudence de la Cour de
cassation a toujours reconnu et maintenu le fait de
leur appropriation (Cass., 12 mai 1858; 10 janvier
1805); mais elle a décidé que les travaux exécutés pour
la dérivation de ces eaux ne constituent pas des actes
contradictoires de nature à empêcher les autres riverains de la voie publique où elles coulent de les dériver
à leur tour sur leurs héritages (18 décembre 1866;
Sirey, 68, 1, 28). Quant à l'administration, elle ne
peut s'opposer à ces travaux de dérivation que s'ils

menaçaient de compromettre la sûreté et le bon état des voies publiques.

Si le propriétaire supérieur avait retenu sur son fonds les eaux pluviales pendant plus de trente ans, il ne perdrait pas le droit de les laisser écouler sur le fonds inférieur sans que le propriétaire de cet héritage puisse, en ce cas, se prétendre troublé ; car il est libre d'en user d'une manière absolue ; et cet acte de faculté, il ne saurait le perdre par le non-usage.

L'article 644 permet à celui dont la propriété borde une eau courante autre que celle qui est déclarée dépendance du domaine public de s'en servir pour l'irrigation de ses propriétés : c'est un droit de jouissance commune et indivise que la loi accorde aux riverains dans l'intérêt de l'agriculture et en vue d'une meilleure exploitation des terres. Quelques auteurs ont comparé les cours d'eau qui séparent ces derniers à une clôture mitoyenne ; cette expression n'est vraie qu'autant qu'elle signifie qu'ils ont un droit égal, mais non un droit de copropriété. Les riverains ne sont pas copropriétaires des cours d'eau, qui sont *res nullius*.

Les droits des riverains sont facultatifs ; ils sont libres de faire ou non cette prise d'eau. L'abstention de l'un d'eux, quand bien même il serait resté des années entières, *per mille annos*, sans l'exercer, ne donnerait aux autres aucun droit à la jouissance exclusive de l'eau ; car les actes de faculté, nous le savons, ne peuvent fonder une possession utile. Toute complainte qui serait intentée pour faire cesser cet exercice serait inévitablement rejetée ; mais le riverain qui a obtenu le rejet de la complainte ne pourrait s'en prévaloir pour se prétendre en possession du cours d'eau à l'exclusion des autres riverains. S'il veut être maintenu dans la possession *exclusive* de ce cours d'eau, il doit faire preuve d'une jouissance *exclusive*, car le jugement qui repousse une action possessoire n'implique pas nécessairement la reconnaissance de la possession du défendeur (Cass., 13 déc. 1805). Comment pourra s'acquérir cette possession qui donnera au possesseur le droit de s'opposer à toute innovation, à tout exercice du droit de prise d'eau qui appartient à chaque riverain ? Il faut pour cela une contradiction manifeste à ce droit ; le possesseur devra s'approprier l'usage absolu de l'eau au moyen de travaux de dérivation, et rendre impossible aux autres riverains l'exercice de leur droit d'irrigation. De cette manière, il commencera une possession utile qui, en se prolongeant pendant un an, lui donnera ouverture à l'action en complainte, s'il vient à se faire une prise d'eau qui porte atteinte à sa jouissance. Il ne suffirait pas, bien que l'ancien droit le décidait ainsi, de faire sommation aux coriverains d'avoir à s'abstenir de tout usage du cours d'eau, s'il n'y a aucun changement dans l'état des lieux qui les empêche d'en user. Que leur importe cette injonction ? n'ont-ils pas un titre dans les dispositions mêmes de la loi, contre lequel aucune défense ne saurait prévaloir ? ne sont-ils pas à même de conduire l'eau sur leur propriété quand bon leur semble ? Pour que la possession ait quelque efficacité, il faut qu'elle s'appuie non sur une simple opposition, mais sur une contradiction formelle et évidente à la faculté d'exercice, qui est l'attribut de tous les propriétaires riverains. Il en serait autrement cependant si une convention attribuait à l'un d'eux l'usage exclusif de l'eau ; celui-ci, dès qu'il aura une jouissance annale, pourra former complainte, si l'on pratique une autre prise d'eau à son détriment.

Si l'exercice facultatif du droit d'irrigation, si tardif qu'il ait été, ne constitue pas un trouble à l'égard des coriverains qui en usent déjà depuis longtemps, il n'en serait pas ainsi dans le cas où cet exercice serait abusif et préjudicierait à la jouissance actuelle des autres propriétaires. En conséquence, la voie possessoire sera ouverte si, au lieu d'un usage modéré, un riverain se permet de changer la pente et la nature du cours d'eau, d'en diminuer le volume, ou de retenir sur son fonds toute l'eau qu'il dérive sans la rendre à son cours naturel, comme l'exige l'art. 644 (1).

Cependant la Cour de cassation prétend qu'il n'est pas nécessaire qu'il y ait exercice abusif et dommageable pour qu'il y ait lieu d'agir au possessoire. Le seul fait de se servir du cours d'eau, alors que d'autres riverains sont en possession annale du droit d'irrigation, suffit pour autoriser l'emploi de la complainte. En vain le défendeur prétendrait-il n'user que d'une faculté que la loi lui accorde, la Cour de cassation répond qu'il ne peut invoquer ses droits de riveraineté que devant le juge du pétitoire. Eh quoi ! le défendeur ne peut pas prouver au possessoire que la possession du demandeur n'est pas utile, parce qu'elle est précaire ou de pure faculté. Quel est donc son but quand il oppose le droit qui résulte pour lui de

(1) La Cour de cassation a jugé qu'il n'y aurait pas trouble si la jouissance du riverain supérieur ne portait que sur les eaux surabondantes qui alimentent une usine, quand bien même le volume des eaux aurait été diminué temporairement par l'imperfection des moyens de dérivation.

l'art. 644 ? est-ce de faire reconnaître judiciairement
son droit à la prise d'eau? nullement, car il n'est pas
contesté: il entend seulement faire ressortir le vice de
la possession qu'on lui oppose. Et s'il s'agit alors d'apprécier les caractères de cette possession, le juge de
paix n'est-il pas compétent; n'est-ce pas à lui qu'il
appartient de décider s'il y a trouble ou non, et si la
possession dont on demande la maintenue est, oui ou
non, utile et efficace à l'effet d'autoriser la complainte
(Cass., 26 janv. 1836; 24 avr. 1850; 20 mai 1860;
12 mai 1862; 10 déc. 1862; 3 juill. 1867).

De même, toutes les fois que la jouissance privative
du cours d'eau résultera d'un titre ou même de règlements administratifs et judiciaires, le juge de paix
pourra en connaître, en cas de trouble, pour s'enquérir
non du fonds du droit, mais de la nature de la possession ; il ne serait incompétent que s'il s'agissait
d'interpréter un règlement d'eau ou de déterminer la
largeur, la profondeur du canal de dérivation, et de
fixer le mode d'exercice de la conduite d'eau. Lorsqu'il
est besoin d'interpréter un jugement ou un règlement
administratif, il prononcera le renvoi devant l'autorité
compétente ; et il en sera de même si le jugement est
attaqué par tierce opposition.

Tous les cours d'eau indistinctement, navigables ou
non, sont soumis au pouvoir réglementaire de l'administration, tant au point de vue des intérêts généraux
de l'agriculture et de l'industrie que des intérêts pri-
vés de chaque riverain, et de la meilleure distribution
des eaux. Si un acte administratif venait à léser la
jouissance de quelques riverains, ceux-ci auraient-ils
le droit d'attaquer au possessoire l'administration ?

Non, car l'intérêt privé doit s'effacer devant l'utilité générale et collective, et aucune possession ne saurait s'élever contre elle. Outre le droit de faire des règlements généraux, l'autorité administrative accorde des autorisations pour établir et asseoir certains ouvrages sur des cours d'eau. Supposons qu'une de ces autorisations accordées à un riverain ait pour effet de compromettre la possession d'un autre riverain : ce possesseur pourrait-il sinon s'en prendre à l'autorité, qui n'a pas à rendre compte de ses actes, mais à l'impétrant qui par son établissement porte atteinte à sa jouissance ? On tient généralement pour l'affirmative, car ces autorisations sont, en effet, plutôt de simples permissions que de véritables concessions, et toujours sont-elles accordées sous la réserve implicite des droits des tiers. Mais il y a doute sur le point de savoir si le juge de paix saisi de la demande possessoire peut ordonner la destruction des ouvrages autorisés par l'administration. La Cour de cassation, par égard pour les attributions et la compétence des tribunaux administratifs, a toujours décidé que les tribunaux civils n'avaient pas ce droit. Le Conseil d'État, au contraire, s'est continuellement prononcé dans un sens favorable aux autorités judiciaires, de sorte que M. Pardessus a pu dire avec raison que la jurisprudence de la Cour de cassation avait poussé jusqu'à l'excès du scrupule le respect des actes administratifs. Nous pensons également que le droit de faire rétablir les lieux dans leur état primitif est une conséquence de celui de protéger la possession contre toute entreprise qui fait obstacle à son exercice (*contra*, Belime, n° 251).

Si une prise d'eau était pratiquée sans autorisation,

lo possesseur n'aurait pas moins le droit d'intenter la complainte, s'il est à même de se prévaloir d'une possession utile, tant que l'administration ne considérera pas cet exercice comme nuisible à l'intérêt public et à la bonne répartition des eaux. Il existe même un arrêt du Conseil d'État (28 mars 1838) qui semble autoriser la complainte en faveur du riverain qui aurait fait une prise d'eau sur une rivière navigable et flottable.

*De la servitude d'aqueduc.* — La loi du 20 avril 1845, afin de faire participer un plus grand nombre d'immeubles aux avantages et aux bienfaits de l'irrigation, a autorisé l'établissement d'une servitude d'aqueduc. Tout propriétaire, pourvu qu'il eût accès à la rive, eut le droit de conduire l'eau à travers les propriétés intermédiaires, sur un fonds non riverain ou même riverain, si, par suite d'un accident de terrain, il ne pouvait être arrosé que de cette manière (1). De même, les propriétaires inférieurs sont grevés de la servitude d'écoulement des eaux qui, après avoir servi à l'irrigation, doivent être rendues et ramenées à leur cours naturel. La jouissance annale de ce droit est garantie par l'action possessoire en cas de trouble, si par exemple on venait à couper ou à combler les fossés ou les canaux d'irrigation, ou si un propriétaire supérieur élevait l'eau à une telle hauteur que celui qui est en possession de l'aqueduc fût dans l'impossibilité d'exercer sa conduite d'eau. Bien que la loi du 20 avril (art. 1er) excepte les maisons, cours et jardins, si cependant cette servitude s'exerçait sur ces fonds, le possesseur qui peut l'acquérir par prescription est

---

(1) Cette servitude s'applique également aux eaux artificielles.

fondé à intenter la complainte, s'il est à même de se prévaloir d'une jouissance annale utile. Remarquons que le juge de paix n'est pas compétent pour fixer le chiffre de l'indemnité, déterminer le lieu de parcours de la conduite d'eau, ses dimensions et son mode d'exercice, ainsi que les changements qui, conformément à l'art. 701 du Code civil, devraient y être apportés.

Les fonds intermédiaires sont également grevés de la servitude de passage des eaux, dans le cas où les terres seraient submergées (art. 3). Quant à celles qui ont besoin d'être drainées, la loi du 10 juin 1854 établit en leur faveur une servitude de conduite d'eau souterraine et à ciel ouvert sur les propriétés qui les séparent d'un cours d'eau ou de toute autre voie d'écoulement. Mais le juge de paix peut connaître alors des contestations relatives à l'indemnité, à la fixation du parcours des eaux, à l'exécution des travaux de drainage et d'assainissement (art. 5), de sorte que la voie possessoire sera rarement employée.

*De la servitude d'appui.* — La loi du 15 juillet 1847, pour faciliter les moyens d'irrigation, a permis d'appuyer un barrage sur la propriété du riverain opposé, à la charge d'une juste et préalable indemnité; la jouissance de ce droit d'appui servira de base à l'action possessoire dans les mêmes conditions que la possession de la servitude précédente, car non-seulement ce droit est susceptible d'être acquis par prescription, mais il repose également sur un titre légal qui caractérise nettement la nature de la possession.

Si ces servitudes résultent de la loi, elles peuvent être aussi établies par la convention ou la prescription, et il est évident que le possesseur recourra alors soit à la complainte, soit à la dénonciation de nouvel œuvre, soit même à la réintégrando, suivant les caractères du trouble possessoire qui compromettra sa possession. Outre ces servitudes de prises d'eau et d'aqueduc, il nous reste à parler de la possession des autres servitudes établies par le fait de l'homme, comme celles de vue, d'égout des toits, des plantations d'arbres et de haies.

*Servitude de vue.* — Ouvrir des vues à une distance autre que celle qui est déterminée par la loi, c'est constituer une servitude passive à l'égard du fonds qui est obligé de les supporter. Aussi, tant qu'il n'y a pas acquisition de la saisine possessoire au profit du fonds dominant, le propriétaire du fonds servant est-il fondé à se plaindre et à demander la destruction de cet état de choses contraire à la liberté de son héritage. Mais supposons que la possession annale soit acquise : le voisin pourrait-il impunément élever son mur de manière à obstruer les fenêtres du possesseur? on l'a prétendu, parce que celui-ci, a-t-on dit, ne peut se conférer à lui-même une servitude active (Toullier et Pardessus). C'est là une erreur évidente: toute servitude continue et apparente s'acquiert par prescription (art. 690, C. civ.). Or la servitude de vue, comme telle, peut être prescrite ; elle est susceptible d'une possession utile, qui donne, en cas de trouble, ouverture à l'action possessoire. Le juge de paix doit-il au moins, sur la demande du possesseur, ordonner en toutes circonstances la destruction des travaux qui portent atteinte à la possession ? Nous ne faisons aucune difficulté pour reconnaître ce pouvoir au juge de paix ; nous croyons même que le rétablissement des biens dans leur état primitif est le plus souvent le seul moyen de faire cesser le trouble; et c'est là du moins une conséquence du jugement de maintenue. Mais il est cependant certaines positions dignes de ménagement et d'intérêt, comme celle d'un propriétaire dont le droit n'est pas douteux, et ne peut manquer même d'être reconnu et confirmé au pétitoire. Sans doute le juge du possessoire ne saurait connaître du fond du droit, ni en faire la base de son jugement sans violer le principe qui interdit formellement le cumul du possessoire et du pétitoire; mais il se contentera, sans indiquer les motifs de sa sentence, de réserver la question aux juges du fond. L'équité et la raison, dit M. Dalloz, veulent qu'on lui laisse une certaine latitude à cet égard (Dalloz, *Des Act. poss.*, n° 164; Belime, n° 307; *contra*, Aubry et Rau, *Cours de droit civ.*, t. II, p. 162).

*Servitude de jours.* — Le propriétaire d'un mur non mitoyen peut y pratiquer des jours, en se conformant aux prescriptions de l'art. 677 du Code civil. Supposons qu'il soit en possession d'ouvertures de ce genre : serait-il fondé à intenter la dénonciation de nouvel œuvre, si le voisin venait à construire sur son fonds de manière à masquer les jours de souffrance? Il faut distinguer s'ils constituent ou non un véritable *jus in re*, car ils n'ont pas toujours ce caractère : *ce sont des jours de coutume et non des jours de servitude*, disaient nos anciens auteurs; le propriétaire exclusif du mur les pratique en effet *jure dominii* et non *jure servitutis*; or, s'il n'a entendu exercer aucun droit sur le voisin, il ne saurait se plaindre de ce que celui-ci élève sur son terrain, comme il en a le droit, une construction qui nuise à ses jours. Mais il en serait autrement s'il y avait véritablement un *jus luminum :* la construction du propriétaire servant serait considérée comme un trouble porté à la possession de ce droit.

De même, il y aurait lieu à l'exercice de la complainte si l'un des voisins pratiquait, sans le consentement de l'autre, des ouvertures dans un mur mitoyen. Il ne sera pas alors nécessaire, comme le fait remarquer avec raison M. Bourbeau (*Justice de paix,* n° 383), que le possesseur invoque des actes de possession effectués sur le mur; « car celui-ci est, avec sa mitoyenneté présumée, une partie de l'héritage dont la possession embrasse les dépendances accessoires. »

Mais si le copropriétaire intéressé ne fait aucune opposition à l'exercice du *jus luminum,* le possesseur acquerra la saisine possessoire, et il sera autorisé à agir au possessoire pour repousser toute entreprise contraire, car la possession trentenaire aurait pour effet de constituer cette servitude, et d'ailleurs le silence du copropriétaire fait supposer l'existence d'une convention.

*De l'égout des toits.* — La servitude d'égout des toits doit s'annoncer par des ouvrages extérieurs, comme chenal, gouttière et gargouille; son exercice, s'il y est fait obstacle, sera protégé de la même manière par l'action possessoire. Le possesseur de la servitude d'égout est réputé, d'après l'art. 681, propriétaire de la bande de terre comprise entre le mur et la ligne d'aplomb de son larmier ou de son appentis; mais des faits de possession exclusifs l'emporteraient au possessoire sur cette présomption; en sorte que le voisin qui prouverait avoir cultivé, semé ou planté ce terrain dans l'année se ferait maintenir en cette possession si le maître du *jus stillicidii* venait à en disposer. Cette servitude n'implique pas celle du tour d'échelle (ou droit de placer, pour faire les réparations nécessaires, une échelle sur la propriété voisine). M. Pardessus l'a considérée à tort comme un accessoire du *jus stillicidii*. « En matière de servitudes, dit Toullier, tout est de rigueur ; on ne peut les étendre d'un cas à l'autre : *Tantum præscriptum, quantum possessum.* La servitude d'égout et celle de tour d'échelle sont deux servitudes différentes et d'une nature opposée. » En effet, l'une est continue et apparente ; l'autre est discontinue, et par conséquent, en l'absence d'un titre, l'action possessoire ne serait pas applicable.

*De la plantation des arbres et des haies.* — L'art. 671 fixe les distances à observer dans les plantations d'arbres et de haies. Planter à une distance prohibée, c'est porter atteinte à la possession du voisin, c'est usurper une partie de son héritage ; aussi a-t-il le droit d'actionner le propriétaire qui n'a point respecté les prescriptions de la loi ; mais s'il garde le silence pendant un an, le possesseur annal des arbres sera à son tour autorisé à employer la voie possessoire en cas de trouble. On a contesté que le droit d'avoir des plantations à une autre distance que celle qui est fixée par la loi pût se prescrire et constituer une servitude continue ; on a dit que la possession devait être uniforme dans sa continuité, et que ce caractère ne se rencontrait pas dans un arbre, dont le développement est progressif et insensible. Il est facile de répondre que le voisin a dû prévoir cet accroissement dès le moment où il a été planté ; et s'il n'a pas usé du droit qu'il avait de le faire arracher et replanter à la distance légale, il est juste qu'il supporte les peines de sa négligence ; enfin que le fait d'avoir une plantation sur la limite du fonds voisin ne peut manquer de constituer une servitude, puisque c'est une charge très-grave pour un fonds que celle de supporter l'ombrage ou l'extension des racines d'un arbre (Cass., 9 juin 1830). Mais, pour que cette servitude soit utile à l'effet de mettre en mouvement l'action possessoire, il faut qu'elle soit publique. Si l'arbre était derrière un mur, ou s'il se trouvait confondu dans une haie, la possession ne commencerait à courir que lorsqu'il s'élèverait au-dessus du mur ou de la haie (Cour de Bourges, 16 novembre 1830).

Peut-on prescrire le droit indéfini d'avoir des arbres à la même distance? nous ne le pensons pas, parce que, les arbres n'ayant qu'une existence limitée, le droit qu'exerce le possesseur n'est que temporaire ; il doit nécessairement s'éteindre avec ce qui en faisait l'objet : *Tantum possessum, quantum præscriptum.*

Dès que les arbres seront abattus, le voisin, redevenu en possession de la liberté de son héritage, pourra, par la complainte, s'opposer à la plantation de nouveaux arbres. Remarquons que, dans ce cas, le juge de paix saisi de la question possessoire n'aurait point qualité pour déterminer la distance à laquelle les arbres devront être plantés. L'art. 6, § 2, de la loi de 1838 ne lui accorde ce pouvoir que lorsqu'il n'y a point contestation sur la propriété des arbres; il est donc incompétent toutes les fois que le défendeur oppose la prescription, ou un titre, ou même la destination du père de famille.

Quant aux haies qui servent de clôture, on les possède comme un droit illimité dans sa durée; on n'entend pas se clore pour un temps plus ou moins long; mais tant qu'on sera en possession de son héritage, il y a là un caractère de perpétuité et de renouvellement successif qui prolonge indéfiniment la possession. En conséquence, le propriétaire de la haie peut planter à la même place de nouvelles tiges sans être exposé à se voir attaqué au possessoire. Il faudrait étendre cette solution au cas où l'on posséderait non des arbres isolés, mais une série d'arbres qui formeraient avenue ou bornage de sa propriété. C'est là également une *causa perpetua possessionis* (Carou, *Des Act.*, n° 156; Demolombe, t. I, 501, *Des Servit.*; Demante, t. II, p. 527).

La propriété exclusive d'une haie peut être acquise par prescription (arg. de l'art. 670, *in fine*), pourvu qu'on fasse sur elle des actes de possession suffisamment caractérisés, comme l'ébranchage, l'élagage, la perception des fruits; aussi l'action possessoire sera-t-elle ouverte au profit du possesseur annal de cette haie; mais celui-ci, s'il a obtenu la maintenue en possession, sera-t-il au pétitoire présumé propriétaire de la haie? non, car la présomption légale de mitoyenneté reprend son empire dans l'instance pétitoire: elle ne peut être alors écartée que par un titre ou la possession trentenaire. Si, au possessoire, la possession annale fait taire la présomption de mitoyenneté, c'est qu'il ne s'agit pas de savoir à qui appartient la haie, mais seulement qui la possède; tandis qu'au pétitoire, comme

Il faut décider la question de propriété, la possession annale devient insuffisante à cet égard ; et, à défaut de titre ou de possession trentenaire, il faut nécessairement recourir à la présomption légale, qui a la force d'un titre et qui peut seule être invoquée.

Le fait d'avoir des branches d'arbres qui s'avancent sur le fonds du voisin n'est pas constitutif d'une possession utile qui puisse motiver la complainte si celui-ci venait à les élaguer. Cette possession est nécessairement équivoque ; il est impossible de déterminer son point de départ, la croissance des branches étant insensible ; de plus, il y a lieu de supposer la tolérance de la part du voisin tant qu'il ne fait pas d'opposition. Quant aux racines qui s'étendent sur son fonds, il a toujours le droit de les couper (art. 672, C. civ.).

Nous avons vu que la présomption de propriété qui résulte de la possession annale devait s'incliner au pétitoire devant une présomption légale, comme celle de mitoyenneté ; n'en est-il pas ainsi de la présomption de franchise et de liberté qui est admise en faveur de tous les héritages ? en d'autres termes, le possesseur annal qui a obtenu gain de cause au possessoire doit-il prouver au pétitoire que la servitude existe, ou est-ce au demandeur qui intente l'action pétitoire négatoire à établir que son héritage est franc et libre de toute servitude ? Cette question est aussi vivement débattue chez nous qu'elle l'était en droit romain. Dans notre ancien droit surtout, il y avait une grande divergence d'opinions : les uns, s'appuyant sur la loi 8, § 3, *si serv. vind.,* établissaient une distinction : La prétention du défendeur était-elle conforme à l'état de choses actuellement existant, il n'a rien à prouver : c'est au demandeur qui

nie l'existence de la servitude à justifier de sa prétention ; dans le cas contraire, le défendeur était tenu de
faire la preuve de l'existence de la servitude : *Sciendum
est possessoris partes sustinere, si quidem ligna immissa
sint, eum qui servitutem sibi debere ait ; si vero non
sunt immissa, eum qui negat* (voir Heineccius, *Elem.
juris.* n° 1177 ; Dunod, *Des Prescript.*, III, p. 203).

Dumoulin mettait au contraire, dans tous les cas, la
preuve de la servitude à la charge du défendeur qui
avait été reconnu possesseur, *quia possessio non rele-
vat ab onere probandi in servitute reali*. Le demandeur
a-t-il justifié de sa qualité de propriétaire, son fonds
est présumé libre tant que le défendeur n'a point
démontré qu'il avait un droit de servitude (Dumoulin,
Cout. de Paris, § 2, glos. 5, n° 41 ; d'Argentré, art. 52,
gloss. 5, n° 3).

De nos jours, la même divergence se reproduit ; le
possesseur, d'après plusieurs auteurs, lorsqu'il a été
maintenu principalement en possession de servitudes
continues et apparentes, ne doit pas être tenu de prouver l'existence de la servitude. Celui qui a triomphé
au possessoire n'est-il pas présumé propriétaire par
cela seul que le juge a reconnu la légitimité de sa
possession annale ?

En droit romain nous avons incliné, il est vrai,
vers cette solution, parce qu'elle était commandée par
la loi 25, *de oper. nov. nuntiat.* ; mais nous pensons
qu'une présomption légale doit effacer la présomption
de fait qui résulte de l'art. 23 du Code de procédure.
Or il est de principe que tous les héritages sont libres
ou présumés tels (art. 1er de la loi du 28 sept. 1791).
Cette présomption est une preuve toute faite au profit

de celui qui nie l'existence de la servitude, et le défendeur ne peut la combattre qu'en justifiant qu'il est
propriétaire de la servitude (Garnier, *De la Poss.*, 483;
Merlin, *Quest. de droit;* Cerv., § 3, n° 1er; Demante,
t. II, 546; Curasson, *Comp. des jug.*, t. II, 416).

Le juge de paix, quand il s'agit de vérifier et d'apprécier les faits qui servent de base à l'action possessoire, a le droit d'interroger les titres, mais seulement au point de vue de l'influence qu'ils peuvent
exercer sur la nature de la possession, de tenir
compte des présomptions résultant des diverses circonstances de la cause ou de la disposition des lieux,
et de recourir à tous autres moyens d'instruction,
pourvu qu'ils ne portent pas sur le fonds du droit
(art. 24, C. pr.).

Dans le cas où les deux parties allégueraient respectivement au possessoire des faits de possession qui
ont une égale valeur, comme si elles avaient possédé
de la même manière un aqueduc qui se trouve situé
sur la limite de leurs fonds, le juge de paix aura la
faculté, s'il y a parité dans les preuves, de consulter
les titres ou même l'ancienneté de la possession : *In
conflictu possessionum titulata vel antiquior possessio vincit* (Dumoulin, art. 441, Cout. du Maine;
C. de cass., 13 nov. 1839); ou bien il pourra déclarer
les deux possessions communes et indivises, ou
maintenir le *statu quo*, si les possesseurs ne peuvent
faire une preuve suffisante de leur possession; ou
même enfin, se conformant à la pratique ordinaire de
la jurisprudence de la Cour de cassation, renvoyer les
parties à se pourvoir au pétitoire, en adjugeant la possession provisoire à chacune d'elles conjointement, ou
à celle qui paraîtrait offrir le plus de chances de suc-

cès ou le plus de garanties, au point de vue de la conservation de l'objet litigieux.

## SECTION II.

### DES ACTIONS POSSESSOIRES EN MATIÈRE DE SERVITUDES DISCONTINUES.

La précarité présumée des servitudes discontinues
est, comme nous l'avons vu, un obstacle à l'exercice
des actions possessoires. Celles-ci ne seraient pas plus
recevables si la servitude s'annonçait extérieurement
par des travaux apparents : ainsi le passage qui s'exercerait au moyen d'une porte pratiquée dans la maison
du propriétaire dominant pour lui donner accès sur
le fonds voisin ne serait pas susceptible d'une possession utile à l'effet de mettre en mouvement la complainte, dans le cas où le voisin ferait un acte contraire
à la servitude.

Il en sera autrement lorsque les servitudes discontinues existeront en vertu d'un titre ou d'une disposition légale. Telle est du moins l'opinion professée
par la majorité des auteurs, et dont la jurisprudence ne
s'est jamais départie (Cour de cass., 17 mai 1820 ;
25 juillet 1837 ; 24 juillet 1839 ; 7 juin 1848 ; 6 décembre 1853 ; 27 mars 1866 ; 4 juillet 1866). Le titre
purge en effet le vice de précarité et de tolérance qui
rendait inapplicable l'action possessoire. Et qu'on ne
dise pas que le juge de paix cumulera le possessoire
et le pétitoire, s'il est obligé d'examiner le titre en
vertu duquel la servitude s'exerce, car il ne le consul-

tera que pour éclairer sa religion sur la nature de la possession que ce titre caractérise et colore , et non pour connaître de sa validité ou du fond du droit : *non tantum ad cumulandum petitorium , sed ad colorandum et corroborandum possessorium.* On ne peut lui contester à cet égard un certain pouvoir d'appréciation qui a son principe et son fondement dans sa qualité de juge souverain des caractères de la possession. Ainsi il ne doit pas se déclarer incompétent, par cela seul qu'une des parties critiquerait, par esprit de chicane et pour changer l'ordre des juridictions, le mérite, la valeur du titre, car il ne dépend point des plaideurs de modifier la compétence du juge de paix ; c'est à lui de vérifier s'il renferme les éléments suffisants pour colorer la possession, et de décider, d'après cet examen, s'il y a lieu ou non d'admettre l'action possessoire. Il est clair que si le titre lui parait suspect, il ne devra pas en tenir compte ; ou si le propriétaire qui l'a consenti dénie l'écriture ou la signature , il lui faudra surseoir jusqu'à ce qu'il ait été procédé à la vérification des écritures. Il y aurait également lieu à sursis si l'acte produit était un jugement ou un arrêt dont le dispositif aurait besoin d'être interprété, ou s'il s'agissait d'un acte administratif qui nécessiterait une semblable interprétation ; il appartiendrait en effet à chaque autorité compétente d'interpréter les titres qui émanent d'elle. Aussi la Cour de cassation a-t-elle jugé, il y a quelques années, que si, sur l'action en complainte formée contre une ville par un particulier qui se prétend troublé dans la possession plus qu'annale d'un passage, la ville excipe d'un plan général d'alignement qui comprendrait dans la voirie municipale le terrain litigieux, le juge de paix est tenu de surseoir jusqu'à l'interprétation du plan par l'autorité administrative (6 nov. 1805, ville de Saint-Omer). Mais il ne faudrait pas poser en principe absolu, comme le fait M. Belime, que ce dernier est obligé, en cas d'obscurité ou d'insuffisance du titre, de renvoyer sans se dessaisir les parties au pétitoire pour faire résoudre la question préjudicielle de la validité du titre. S'il en était ainsi, le défendeur ne manquerait pas, en soulevant une contestation de ce genre, de rendre illusoire le droit qu'a son adversaire d'agir au possessoire, car, une fois les titres validés ou invalidés, les parties retourneraient bien rarement devant le juge de paix.

En conséquence, ce dernier devrait néanmoins interroger le titre, quand bien même il serait attaqué comme prescrit (C. de cass., 8 mai 1838), ou même pour vices de forme et de consentement, ou par cause d'incapacité, car il n'existerait pas moins, annulable il est vrai, mais susceptible de devenir valable.

Le titre constitutif de la servitude peut toujours être reproduit, quelle que soit son ancienneté, si la servitude n'est pas éteinte par le non-usage; mais il est nécessaire, comme nous l'avons dit, qu'il émane du propriétaire du fonds asservi; une simple énonciation de l'existence de la servitude qui se trouverait dans un acte de vente consenti par une autre personne que le défendeur n'aurait aucun effet pour purger le vice de précarité; il n'y a pas lieu d'appliquer l'ancienne maxime : *In antiquis, enuntiativa probant.*

Nous avons décidé également qu'un titre consenti *a non domino* ne pouvait servir de base à l'action possessoire que lorsqu'il s'appuyait sur une contradiction opposée au propriétaire servant, et que cette contradiction était même quelquefois suffisante pour fonder une possession utile, si elle faisait présumer la reconnaissance du droit du propriétaire dominant : *ex scientia consensus præsumitur*.

Il faut en outre assimiler à un titre la destination du père de famille si la servitude, quoique discontinue, se manifestait extérieurement par un ouvrage apparent, et s'il était prouvé que, les deux fonds ayant été réunis dans la même main, l'acte qui a opéré leur séparation ne contient aucune clause contraire à la servitude (art. 094, C. civ.).

L'aveu du propriétaire servant devrait être aussi considéré comme un titre, s'il ne contestait que le lieu d'exercice de la servitude (Demolombe, t. II, n° 948, *Des Servit.*). Il en serait de même d'un jugement qui aurait reconnu l'existence d'une servitude acquise par la possession avant la promulgation du Code (Garnier, *Des Act. poss.*, p. 315 ; Poncet, *Des Act.*, n° 90 ; Belime, n° 263 ; Cass., 13 août 1810, 10 févr. 1812, 3 oct. 1814). Mais la simple possession annale acquise avant le Code ne motiverait pas l'emploi de la complainte, car, pour produire quelque effet, il faudrait qu'elle eût été immémoriale ; or le juge du possessoire ne peut ouvrir une enquête sur des faits aussi anciens, ni trancher la question de prescription sans toucher au pétitoire (Cass., 17 févr. 1813, 2 juillet 1823, 14 juin 1869).

Quant aux servitudes discontinues qui résultent de la loi, leur titre réside dans la disposition même qui les établit. Les servitudes légales sont celles du puisage au profit d'une communauté d'habitants (643, C. civ.) et de passage en cas d'enclave (682, C. civ.).

Le droit à l'usage de l'eau nécessaire à une commune, à un village ou hameau n'est pas une servitude proprement dite, puisqu'il n'est établi qu'au profit de certaines personnes ; mais il n'en offre pas moins les caractères d'une servitude de puisage ou d'abreuvage. Aux termes de l'art. 643, l'attribution de cette eau a lieu directement et de plein droit, dès qu'elle est devenue nécessaire aux habitants, sans qu'ils soient obligés de formuler aucune demande, d'accomplir aucuns travaux ou de recourir à la formalité de l'expropriation pour cause d'utilité publique. Si la loi parle de prescription d'usage, elle s'est servie d'une expression impropre : elle a entendu se référer à la prescription, à l'effet de libérer les habitants de l'action en indemnité qui appartient au propriétaire de la source (arg. de l'art. 685, C. civ.). Par conséquent, celui-ci pourrait être actionné au possessoire, s'il venait à troubler les habitants dans la jouissance de la source, soit en l'absorbant dans son fonds ou en lui donnant une autre direction (Cass., 3 juil. 1822, 19 déc. 1854). Le juge de paix a le droit d'apprécier si la jouissance communale procède d'un motif de nécessité suffisant pour la purger du vice de précarité (Cass., 10 fèvr. 1837). Mais si le défendeur prétendait que l'agglomération d'habitants n'est pas assez importante pour former un hameau, il ne pourrait décider cette question, qui est de la compétence de l'autorité administrative.

L'art. 643 n'est relatif qu'à l'eau de source, et on ne saurait étendre par analogie ces dispositions à l'eau de puits, citernes, mares, réservoirs, étangs, etc.; il faut, dans ce cas, un titre conventionnel pour avoir le droit d'agir au possessoire (Garnier, *Régime des eaux,* t. II, p. 62 ; Proudhon, *Dom. publ.,* n° 1391 ; Curasson, t. II, n° 58 ; Marcadé, art. 643, n° 1 ; *contra*, Pardessus, n° 148, *Des Servit.* ; Carré, *Just. de paix,* t. II, n° 1407 ; Duranton, t. V, n° 191).

Cependant la Cour de cassation a jugé tout dernièrement que la complainte serait recevable de la part des habitants d'une commune pour l'exercice du droit de puisage, lavage et abreuvage dans un canal fait de main d'homme et alimentant des usines, alors qu'il est constaté que l'établissement de ce canal a eu lieu tant dans l'intérêt de la population que dans celui des usines et qu'il dérivait la plus grande partie des eaux d'un ruisseau naturel, si les habitants sont surtout dans la nécessité absolue de s'en servir, et que d'ailleurs l'exercice d'un tel droit ne porte aucun préjudice aux usiniers (Cass., 28 févr. 1870 ; Sirey, 1870, I, 345).

La servitude de passage existe également de plein droit par cela seul qu'il y a impossibilité d'arriver à la voie publique sans passer sur le fonds d'autrui (682, C. civ.). Les coutumes de Paris et de Normandie ne reconnaissaient pas le fait d'enclave comme constitutif du droit de passage. Tant qu'il n'était pas intervenu un jugement qui déterminait l'endroit où il s'exercerait, la possession du passage était considérée comme le résultat de la tolérance : « Cette question n'est pas malaisée, disait Basnage, en Normandie où les servitudes ne se peuvent acquérir sans titre, car toutes fois et quantes la servitude n'est pas fondée sur la loi ou sur la coutume, il est vrai de dire qu'on n'a passé sur le lieu contentieux que par la souffrance et la civilité du propriétaire » (*Des Servit.*, n° 488).

Sous l'empire de notre Code, le passage en cas d'enclave peut servir de fondement à la complainte, puisqu'il résulte de la loi même, qui est le meilleur des titres. La Cour de cassation avait tout d'abord admis le contraire ; mais elle ne tarda pas à abandonner cette première jurisprudence.

Mais il est à remarquer que cette servitude de passage n'existe qu'à la condition d'en assigner le lieu d'exercice, et de fixer l'indemnité qui est légitimement due au propriétaire du fonds sur lequel elle s'exerce (art. 682 et suiv.). Aussi le propriétaire servant sur lequel l'enclavé aurait passé sans régler les conditions de l'indemnité et du lieu d'exercice serait-il fondé à se considérer comme troublé et à intenter la complainte (Cass., 1845).

Le juge du possessoire ne peut savoir si la possession de la servitude de passage est précaire ou non, s'il ne vérifie le fait d'enclave, c'est-à-dire la nécessité où est le propriétaire dominant de passer sur le fonds du voisin. Cette constatation ne doit être faite qu'en vue de qualifier la possession, et par conséquent laisser intacte et entière la question du pétitoire. Il n'aurait point qualité pour connaître du mode d'exercice et du chiffre de l'indemnité : ce n'est pas lui, par exemple, qui serait compétent pour décider si le fait d'établir une porte ou une barrière à l'entrée d'un chemin qui sert de passage est compatible avec l'exercice de la servitude (Cass., 28 juin), ou si la servitude peut être exercée plus utilement et plus commodément par un autre endroit (Cass., 7 janv. 1807).

Toutefois son rôle comporte une certaine latitude,

car il doit apprécier, ou égard au caractère de la possession, les divers cas qui peuvent constituer l'enclave : il ne suffit pas en effet qu'un fonds ait une issue quelconque sur la voie publique pour qu'il ne soit pas enclavé; si cette issue était impraticable, ou si elle n'était point de nature à permettre l'exploitation du fonds, ou si elle ne pouvait exister qu'à la condition d'opérer un changement des lieux contraire à cette exploitation, il y aurait dans la réunion de ces différentes circonstances un état de choses constitutif d'enclave que le juge de paix serait autorisé à prendre en considération. Il a même été jugé que l'enclave pouvait résulter du fait du propriétaire enclavé si ce dernier, par une modification apportée dans son mode de culture, se mettait dans l'impossibilité de se servir de l'ancienne issue, surtout si cette modification avait pour résultat de rendre très-productives des terres jusque-là incultes (Cass., 25 août 1827, 20 fév. 1835, 31 juill. 1844). Il en serait de même si l'élargissement du passage à titre d'enclave était nécessité par le nouveau mode d'exploitation.

La servitude de passage en cas d'enclave s'applique à tous les immeubles indistinctement, fussent-ils inaliénables et imprescriptibles, comme les forêts domaniales ou les fonds dotaux, parce qu'il n'y a pas d'inaliénabilité ou d'imprescriptibilité à l'encontre de la loi elle-même; aussi le propriétaire enclavé qui exerce son passage sur des fonds de cette nature peut valablement former complainte (Cass., 7 mai 1820).

La cessation de l'état de choses qui constitue l'enclave n'entraînerait pas nécessairement l'extinction de la servitude de passage. On a prétendu cependant que le droit de passage, n'existant que par suite de l'impossibilité où se trouve le propriétaire enclavé d'accéder à la voie publique, doit perdre son caractère légal dès qu'il n'y a plus nécessité de passer sur le fonds d'autrui.

S'il est vrai, peut-on répondre, que cette servitude a été établie en vue de la nécessité actuelle, elle n'est pas moins, dès qu'elle existe, constituée définitivement *in perpetuum*, et non pour un temps limité; il serait d'ailleurs difficile de déterminer, s'il y a suppression du passage, dans quels cas et jusqu'à concurrence de quelle somme l'indemnité doit être restituée. Est-ce le capital tout entier ou une partie seulement qui fera l'objet de la restitution? Aussi préférons-nous admettre que le propriétaire servant reste continuellement grevé, tant qu'il ne sera pas intervenu une convention pour réglementer ce point, et qu'il s'expose à être actionné au possessoire s'il vient à intercepter le passage par une clôture ou une construction quelconque.

Si les servitudes discontinues ne peuvent servir de base à la complainte qu'à la condition d'être fondées sur un titre légal ou conventionnel, il importe de ne pas les confondre avec certains faits d'exercice qui en offrent en apparence les caractères, mais reposent en réalité sur un droit de propriété ou de copropriété. Ainsi le juge de paix devrait déclarer recevable la complainte qu'intenterait le possesseur d'un droit de passage ou de puisage, s'il prétendait être propriétaire ou copropriétaire du chemin ou de la fontaine qui sont l'objet des actes d'exercice; il aurait donc à examiner si les circonstances de fait, rapprochées de ces actes de possession, permettent de supposer l'existence de cette propriété ou copropriété.

La Cour de cassation a même décidé que des faits de passage exercés par la généralité des habitants d'une commune pour tous leurs besoins devaient être considérés non comme constitutifs d'une servitude discontinue, mais d'une possession utile du terrain sur lequel ils avaient eu lieu (affaire la Chapelle Gou- thier, 2 déc. 1844). La voie possessoire serait également ouverte si un particulier avait possédé un chemin non *jure servitutis*, mais *jure dominii*, ou si l'un des propriétaires d'un chemin de desserte ou voie d'ex- ploitation était troublé dans l'exercice de son droit de passage. Cette solution était même appliquée dans les Coutumes, où les servitudes ne pouvaient s'établir sans titre, comme l'attestent Lalaure (*Traité des servit.*, liv. III, chap. vii), Guyot (art. 04, *De la cout. de Mantes*), Pocquet de Livonnière (art. 449, *De la cout. d'An- jou*). Il est vrai que ces auteurs supposent que ces chemins d'exploitation servaient d'issue aux proprié- taires dont les fonds sont enclavés ; mais la Cour de cassation a déclaré la complainte admissible, qu'il y ait ou non enclave, dès lors que le sentier est utile à ces propriétaires pour la desserte de leurs fonds res- pectifs (Cass., 20 déc. 1808, 11 déc. 1827, 12 déc. 1853). Il y a lieu en effet de présumer qu'il appartient en commun à chacun d'eux, et qu'ils ont formé une convention pour régler leur jouissance commune. Au reste, le juge du possessoire est compétent pour exa- miner, à l'aide des titres, si un chemin litigieux est ou non un chemin d'exploitation privé susceptible d'une possession protégée par l'action possessoire ; aussi n'excède-t-il point ses pouvoirs en recherchant la nature et l'origine d'un chemin situé entre l'héritage du demandeur et du défendeur, pourvu qu'il ne fasse cette recherche qu'en vue de caractériser la possession dont il est l'objet, et de statuer sur la recevabilité de l'action en complainte (C. cass., 24 avril 1866).

Un droit analogue à la servitude de passage est celui de l'échelage ou du tour d'échelle. Nous avons déjà dit qu'il consistait dans le droit de passer sur la propriété du voisin et d'y placer une échelle, afin de réparer le mur ou le toit de sa maison. Dans l'ancien droit, cette servitude était prescriptible dans certaines coutumes, ou bien elle existait *ipso jure,* par le seul fait du voisinage. Sous notre Code, elle ne peut être constituée que par titre, sans quoi la possession dont elle est susceptible serait entachée du vice de précarité et ne pourrait motiver l'exercice de la complainte. C'est à tort, selon nous, que M. Aulanier soutient que l'action possessoire est admissible dans les pays où le tour d'échelle existait comme servitude légale, quand il s'agit de constructions antérieures à la promulgation du Code ; celui-ci, en effet, en abrogeant les anciens statuts, n'a point fait d'exception pour cette servitude, qui a dû nécessairement disparaître avec la loi qui l'établissait. D'ailleurs l'art. 691, qui maintient les servitudes acquises par la possession avant le Code, ne dit point que les servitudes légales alors existantes subsisteront au même titre ; il faut donc en conclure qu'elles sont soumises au droit commun (Carou, *Des Act. poss.,* n° 196 ; Garnier, *Des Act. poss.,* p. 320).

La servitude de pacage, bien qu'elle ne soit pas appuyée sur un titre, peut servir de base à l'action possessoire, si le terrain sur lequel on a mené pacager les bestiaux n'est susceptible que de ce mode de jouissance, car le fait de pacage ne doit pas être alors considéré comme l'exercice d'une servitude discontinue, mais comme des actes de possession exercés sur le terrain même (Cass., 8 janv. 1835).

Quant au droit de vaine pâture et de parcours, qui s'exerce en vertu d'anciennes lois et de coutumes locales, l'action possessoire sera recevable tant que l'héritage assujetti ne sera pas en état de clôture. L'art. 648, qui permet à tout propriétaire de se clore, n'affecte point cette possession d'un caractère de pure tolérance, car il ne concerne que la durée du droit exercé; celui-ci n'est précaire qu'en ce sens qu'il peut cesser d'exister par l'effet de la clôture.

Mais si le droit de vaine pâture est fondé sur un titre conventionnel, celui qui l'a consenti ne pourrait plus s'y soustraire en clôturant son héritage. Il en serait de même s'il résultait d'un droit de propriété existant au profit des habitants d'une commune (édit de mai 1771, art. 7; loi du 6 octobre 1791; Cass., 7 mars 1838, 18 juin 1830). Le juge de paix appréciera la nature de la possession d'après les titres qui lui seront présentés.

Faut-il distinguer, au point de vue de l'action possessoire, la vaine pâture et le parcours de la vive et grasse pâture? Celle-ci diffère de la première en ce qu'elle permet de faire consommer par les bestiaux des fruits susceptibles d'être récoltés, conservés et vendus (Henrion de Pansey, § 5, ch. XLIII). M. Curasson en considère la jouissance comme constitutive de la possession du fonds sur lequel elle s'exerce, et non comme l'exercice d'une servitude discontinue (*Compét. du juge de paix*, n° 79), et il enseigne en conséquence que le possesseur a droit de recourir à la complainte s'il est troublé dans sa possession, bien qu'elle ne repose point sur un titre. Nous préférons accorder, en cette matière, toute latitude au juge de paix, qui s'enquerra à quel titre ce droit a été exercé. S'il lui apparaissait que cet exercice n'implique point une prétention quelconque à la possession du fonds, mais offre au contraire les caractères d'une servitude discontinue, il n'y aura aucun égard (Carou, *Des Act. poss.*, n° 253).

Il est enfin certains droits d'usage qui ont beaucoup d'affinité avec les servitudes discontinues et dont la possession n'est régulière et utile que si elle s'appuie sur un acte de délivrance ou des faits équipollents qui impliquent le consentement du propriétaire (Cass., 14 juin 1860) : ainsi les droits d'usage qui consistent à prendre du bois dans une forêt ne donneront lieu à l'action possessoire que s'il y a eu acte de délivrance, ou déclaration de défensabilité, au cas où ils auraient pour objet le droit de faire paître les bestiaux (Cod. forest., art. 67, 79).

### DES ACTIONS POSSESSOIRES RELATIVES AUX SERVITUDES NÉGATIVES.

Ces servitudes étant susceptibles d'une possession utile, comme nous l'avons vu, toute entreprise contraire à la jouissance du possesseur pourra être repoussée par l'action possessoire. Comme le trouble consistera ici, le plus souvent, dans l'exécution de travaux qui feront obstacle à l'exercice de la servitude, la dénonciation de nouvel œuvre sera le moyen de droit possessoire qu'il faudra ordinairement employer. Si le propriétaire grevé, par exemple, de la servitude *non œdificandi* venait à élever une construction sur son terrain, le propriétaire dominant serait en droit d'intenter la dénonciation de nouvel œuvre ; mais s'il laissait le constructeur en possession du nouvel état de choses pendant plus d'un an, celui-ci aurait acquis la saisine possessoire par l'effet de sa *possessio libertatis*, et ne pourrait être attaqué utilement qu'au pétitoire. Mais il est bien entendu que le juge de paix saisi d'une action en dénonciation de nouvel œuvre n'aurait pas le pouvoir d'interdire la continuation de l'ouvrage commencé par le défendeur au préjudice d'une servitude *non œdificandi*, si le demandeur ne rapportait un titre qui colorât sa possession.

Si le terrain grevé d'une servitude négative était exproprié pour y construire un établissement d'utilité publique, le possesseur de la servitude ne serait pas fondé à intenter la dénonciation de nouvel œuvre : il n'aurait qu'une action en indemnité.

# POSITIONS.

## DROIT ROMAIN.

I. L'exercice des interdits spéciaux relatifs aux servitudes n'est pas subordonné à la possession an-

nale ; les mots *hoc anno* qu'on lit dans la formule de
la plupart d'entre eux n'exigent pas la condition d'annalité, telle que nous l'entendons en droit français.

II. L'usufruitier peut recourir à l'interdit *unde vi*,
s'il a la quasi-possession de son usufruit.

III. Tous les interdits quasi-possessoires sont réels.

IV. Les créanciers envoyés en possession des biens
de leur débiteur ne peuvent exercer les interdits possessoires et quasi-possessoires.

V. La possession est *res juris.*

---

## DROIT FRANÇAIS.

I. La prescription de dix et vingt ans est applicable
aux servitudes continues et apparentes.

II. La possession n'emporte pas présomption légale de propriété.

III. Le fermier ne peut exercer par lui-même les
actions possessoires.

IV. Le possesseur qui a été maintenu en possession
ne doit pas être condamné, s'il succombe au pétitoire,
à la restitution des fruits perçus depuis le jugement
possessoire.

V. La recréance n'est pas une action possessoire.

VI. Les biens des mineurs sont soumis aux actions
possessoires, bien qu'ils ne soient pas prescriptibles.

VII. La possession est transférée à l'acquéreur à
titre particulier par le seul effet du consentement,
sans que la transcription soit nécessaire.

VIII. L'acte nul en tant que renonciation à la prescription a pour effet d'entacher de précarité la possession du renonçant.

IX. Il faut que les héritiers persistent dans la prétention de leur auteur qui est constitutive du trouble, pour que le possesseur soit fondé à intenter contre eux la complainte.

### PROCÉDURE.

I. Si la demande introductive d'instance contient une confusion du possessoire et du pétitoire, le juge pourra prononcer la disjonction pour les chefs de la demande qui sont purement possessoires.

II. Il y a lieu d'admettre la complainte formée par instance principale entre deux parties qui se disputent la possession dans une instance déjà pendante.

III. Le juge de paix ne pourrait autoriser celui qui a troublé le demandeur par un acte constitutif d'une servitude à ouvrir une enquête tendant à démontrer que son adversaire n'est pas propriétaire du fonds sur lequel s'exerce la servitude.

IV. Le défendeur au possessoire peut représenter le titre qui constate le vice de la possession du demandeur.

### DROIT ADMINISTRATIF.

I. L'administration a le droit d'intenter la complainte possessoire relativement aux dépendances du domaine public; mais cette action ne serait pas recevable de la part des tiers à l'encontre de l'administration.

II. Une commune est seule autorisée à exciper dans une instance possessoire de la nature de domanialité qui affecte le terrain sur la possession duquel il y a contestation; le défendeur au possessoire est sans qualité pour se prévaloir de ce caractère.

III. Bien qu'une concession de prise d'eau dans une rivière dépendant du domaine public soit révocable, la possession de cette servitude de prise d'eau précaire à l'égard de l'État ne doit pas être considérée comme telle vis-à-vis des tiers qui viendraient troubler cette possession.

IV. Celui qui se croit lésé dans la jouissance de sa propriété par l'exécution d'une mesure prescrite par l'autorité municipale dans un intérêt de police doit se pourvoir non au possessoire, mais devant l'autorité administrative supérieure.

V. Mais l'action possessoire serait ouverte si l'autorité municipale, agissant au nom des intérêts de la ville, a fait exécuter des actes qui portent atteinte à la possession annale des tiers.

VI. Les cours d'eau sont *res nullius.*

### DROIT COMMERCIAL.

I. L'action possessoire formée par un associé commanditaire a pour effet de l'obliger solidairement avec les tiers pour toutes les dettes et engagements de la société.

II. Un failli, à la différence du saisi, ne peut exercer la complainte.

III. Lorsqu'il y a un concordat, le créancier à l'égard duquel le failli n'a pas exécuté ses engagements peut demander la résolution de la remise qui lui a été consentie, mais non la résolution du concordat.

### DROIT PÉNAL.

I. Il n'est pas nécessaire d'avoir une possession civile et annale pour obtenir la répression d'un fait de trouble qui constitue un délit ou une contravention : il

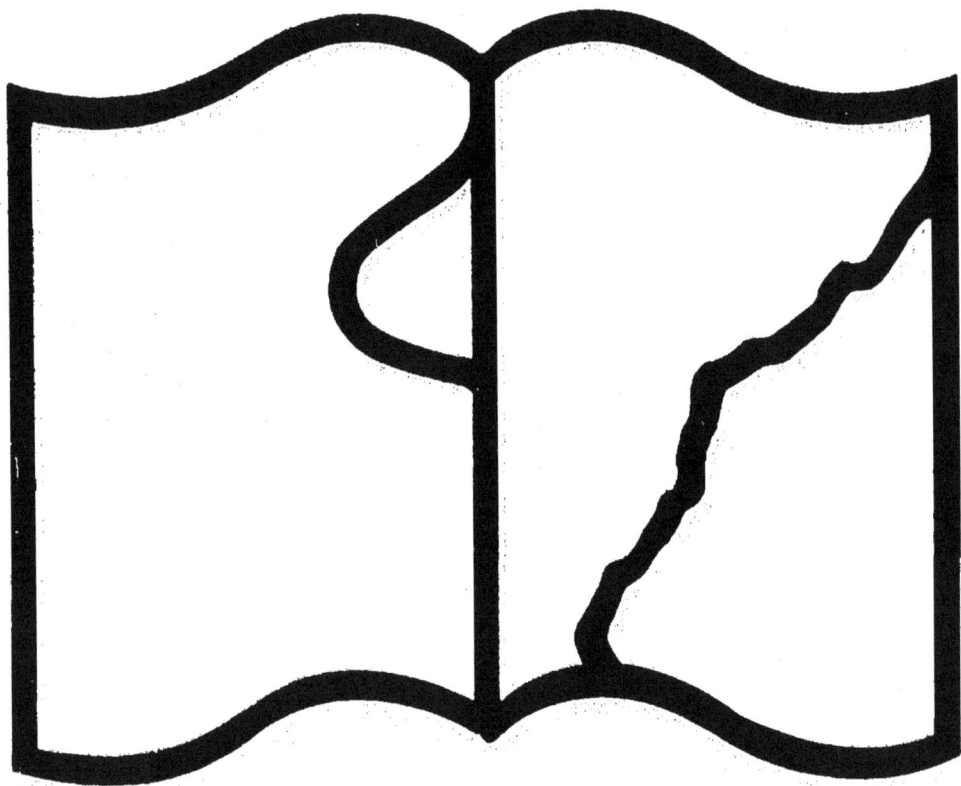

Texte détérioré — reliure défectueuse

**NF Z** 43-120-11

www.ingramcontent.com/pod-product-compliance
Lightning Source LLC
Chambersburg PA
CBHW060339200326
41519CB00011BA/1988